SOY CRÍTICO

DANIEL MORENO RODRÍGUEZ

DEDICATORIA

Se lo dedico a mi padre, por el tiempo que él me ha dedicado a mi enseñándome todo sin guardarse nada, formándome para ser un buen profesional y, a mayores, pretendiendo que sea una inquebrantable buena persona.

Si hoy soy libre, y puedo escribir como tal, es gracias a él.

ÍNDICE

1 PRÓLOGO

La política es el mecanismo por el que se reparten los recursos públicos. Esto, en teoría, es el debate entre los representantes acerca de cómo gastar lo recaudado, en función de su ideología y las necesidades del momento.

En la práctica, la política es lo anterior, sumado a una gran dosis de oportunismo e intereses personales.

¿Por qué *los políticos* terminan frecuentemente haciendo el ridículo? ¿Por qué esa sensación constante de que la política resulta inútil para el ciudadano, a pesar de la importancia capital que tiene?

Mi opinión es sencilla: el sentido común, de comunidad y de interés general se está diluyendo entre el interés particular y, generalmente, partidista de las organizaciones políticas, pero con un matiz: **el interés particular es universalmente contrario al interés general.**

Para ello, todas las viejas estrategias *del arte de la guerra* son aplicadas individual y ordinariamente por sujetos que interponen sus intereses personales frente al interés general, perjudicándolo, dando como resultado los esperpentos que el ciudadano de a pie contempla con descrédito y desprecio hacia la *clase política*.

Así, *la política* se convierte en el recurso *del político interesado* para aferrarse a su puesto, engañando al pueblo para obtener beneficio de él y sus instituciones.

Pero no sólo pasa esto con el *politicucho* de turno, sino que es el *modus operandi* de los grandes partidos, los cuales programan sus ideales con base en estadísticas y corrientes de opinión, yendo así la sociedad en su conjunto hacia una deriva que nadie corrige, ni interesa corregir. Quien no *comulgue* con eso, se convierte en *crítico* y es rápidamente apartado de la organización.

Curiosamente, el término «crítico» es muy habitual dentro de las organizaciones políticas para identificar despectivamente a aquellos que difieren de la corriente de pensamiento oficial de partido.

Yo, que soy militante del Partido Popular, me he dado cuenta de que, para permanecer en su estructura y que cuenten contigo, debes ser crítico selectivo; o sea, acrítico con los líderes de tu partido, pero muy crítico con los del adversario.

Eso, en mi barrio (en La Paz), es ser un falso, y por eso **la política es un nido de fariseísmo**, y un permanente foco de problemas que lastra a la democracia.

Yo pienso que la crítica es buena, y debería ser bien recibida siempre que sea bien intencionada. De ahí el título de este libro.

En el seno de los partidos políticos la crítica está mal vista y, en su lugar, se emplea la adulación al líder de turno que, como el lector sabrá, *es como la falsa moneda, que empobrece tanto a quien la da, como a quien la recibe.*

Hablar de *clase política* ya es un error, pero máxime en un claro contexto de pobreza intelectual, donde todos *aplauden como focas.* ¿No se supone que un político es un ciudadano normal, que acude a las instituciones a representar a sus vecinos? ¿Ser político significa ser de una *clase especial,* normalmente exhibida como distante o superior? ¿Superior en qué, en falta de escrúpulos?

Ojalá todo ese *arte,* en lugar de para la hipocresía, fuese aplicado haciendo buenos equipos y trabajando por el interés general que es la misión que, simple y realmente, tenemos los representantes públicos encomendada.

Los políticos *se baten el cobre* para defender su posición dentro de la estructura de su partido; los malos, porque malos son y, los buenos, para defenderse forzadamente de las argucias de los malos.

Los malos lesionan de forma permanente y deliberada a los *compañeros* que consideran rivales para intentar ganar cuotas de poder, librando cobardes batallas sutiles y silenciosas en múltiples escenarios, con distintas apariencias y estrategias, incluso por encima de lo humanamente soportable.

¿Se imagina el lector un equipo de fútbol en el que los futbolistas no se pasan el balón entre ellos, para que ningún *compañero* pueda marcar un gol y destacar dentro del equipo?

¡Un disparate! Pues sí, así están los partidos políticos o, más bien, sus miembros.

Los políticos malos no suelen tener otra ocupación, o sea, son *políticos profesionales* dedicados exclusivamente al palabreo y a la escalada de poder.

Pero aquellos con buenas intenciones sí las tienen: sus profesiones fuera de la política, que económica y socialmente los hacen libres y no los obligan a depender de ella para vivir; o sea, sin necesidad de ser miserables.

La jugarreta más universal es la calumnia (o incluso la injuria) utilizada para el descrédito personal, disfrazada entre un mar de comentarios mal intencionados, mentiras y bulos que hacen que sea prácticamente imposible saber la verdad acerca de nada ni nadie, minimizando el nivel de certeza de todo lo que, *en política*, se habla.

Para saber la verdad sobre cualquier asunto, o sobre cualquiera, lo único que se puede hacer es observar y aguardar el tiempo suficiente para que las verdades cobren sentido y las mentiras decaigan, razonando lo que cada uno hace y dice.

¿Recuerda cómo Pedro Duque, *ministro socialista del espacio exterior*, duró *tres afeitados* y salió defenestrado de la política?

Justo, de esto, va este libro. Verá el lector cómo, con perspectiva temporal (en este caso, 1 década), todo cobra cierto sentido; al menos desde mi perspectiva.

Pero, mientras se repite esta molesta historia, cada vez más acentuada, el tiempo pasa y los ciudadanos siguen esperando.

La política, querido lector, está enferma, y la democracia agonizando, pero la explicación no está en la *alta política;* la explicación está en las personas, y resulta más que evidente analizando lo que ocurre en el municipalismo.

SOY CRÍTICO

Tampoco quiero que panda el cúnico, y le daré una buena noticia: hay vida más allá de la democracia.

Soy Daniel Moreno Rodríguez, Concejal del Partido Popular de Linares, la conocida como *la ciudad con más paro de España*. Tras prácticamente 40 años de socialismo, mi partido (el PP) y yo, conseguimos *el cambio* haciendo historia.

El color cambió, pero la *idiocracia* persistió y, con ella, el principal problema de los linarenses.

Vengo a contar la historia de este último Mandato Municipal en Linares y sus antecedentes (en total una década) para que el ciudadano, merecedor de una explicación de lo ocurrido, la tenga.

Y para el lector desconocido, si ha llegado a esta obra buscando un ejemplo de municipalismo del que aprender, *bienvenido al mío*. Aquí encontrará un buen ejemplo para comprender algo que, por desgracia, es tan controvertido como difícil de asimilar, aunque habitual, ya que la política municipal es el escenario más accesible para vislumbrar la política y al ser humano en la defensa de sus propios intereses.

Espero que al lector le guste conocer esta historia y, si le resultase aburrida, acierte un aliciente en esta magistral cita de Platón: «el precio que los hombres buenos pagan, por su indiferencia hacia los asuntos públicos, es el de ser gobernados por los hombres malos».

Voy a contar esta historia de la forma más objetiva posible, con el empirismo que tanto critico en mi vida profesional (soy investigador científico), pero sin extenderme.

Vamos al lío.

2 INTRODUCCIÓN

Domingo, 17 de julio de 2022, son las 9.15h de la mañana y estoy desayunando como de costumbre en el bar el *Jamón* (el de siempre), esta vez sin mis amigos porque están de vacaciones, aunque yo, como cada domingo que puedo, vestido de ciclista aquí estoy para salir después a pedalear, *saltar* y, en la medida de lo posible, *volar.*

Nono, el camarero, hermano pequeño de mi compañero de instituto (*el Gallardo),* hijo de Antonio (bedel del mismo instituto), está cantando y bailando tras la barra (y yo mirándolo, pensando que cada vez se parece más, *el mamón,* a su padre), junto a su joven y menudita compañera (también camarera), acompasando juntos una canción de Pimpinela que *mal suena* desde el arrinconado televisor del bar, incluso intentando chocar sus caderas fatalmente (están a cotas muy distintas), acaparando las miradas de todos los clientes que, sin darse cuenta, están sonriendo *al unísono;* una preciosa estampa, y un regalo más de la vida.

Tres clientes desayunan: entre ellos, un abogado y su mujer.

Otros dos están con *el carajillo;* son comunistas, prejubilados de SANTANA e incondicionales del bar (normalmente son cuatro o cinco). Otros dos tienen pinta de venir *after hours;* no los conozco, pero por su aspecto deben ser, como mínimo, de *La Loma.* Otros dos son gitanos, de la Estación (ella, tan mona como siempre). Otro es del barrio, *de mi barrio,* y estará esperando *café sólo* en mano a su compañero de *chapú,* que vive en la Avenida de Valenzuela y parece que otra vez llega tarde. Y acaba de entrar *el Charli,* que también se irá *a volar,* pero de verdad y no como yo; por cierto, me deja pagado el desayuno.

Con este ya llevo tres o cuatro días sin pagar el desayuno.

Los camareros rebosan felicidad y la contagian a todos los anteriores sin excepción, al son de un clásico español pasado de moda, aunque irresistible. Y lo hacen trabajando un domingo en la ciudad con más paro de España: mi querida Linares.

Yo también sonrío inevitablemente, yendo un poco más allá: lo fácil que es ser feliz, como mi amigo Nono. Igual de feliz que era su padre con su trabajo (bedel de mi instituto, ya jubilado), siempre entre regañina y regañina, especialmente con los que no éramos tan buenos. Nunca olvidaré su *"¡sentados, y callados!"* seguido de un *"¡todos mirando pa'rriba!",* a lo que los alumnos respondíamos sentados en nuestros pupitres mirando al techo para burlarnos de él, en lugar de a la pizarra (como debiera ser)*, y él se descojonaba,* disimulando. Así, cinco años.

Grande, Antonio López.

Yo también soy feliz con cualquier excusa, la verdad, pero especialmente en estos detalles que tantísimos *millones* valen, por toda la geografía de España *gracias, también, a la vida.*

SOY CRÍTICO

Instantes antes, estaba moviendo mi *café sin lactosa* que ni tengo que pedir *al Nono*, pensando muy avergonzado en el comportamiento de mis compañeros Concejales del Grupo Municipal del Partido Popular de Linares.

Somos cinco, que habíamos hecho historia consiguiendo el cambio en Linares hacía tres años (lo que habíamos durado gobernando), después de 40 años de socialismo.

Éxito que nos acompañará de por vida, pero también el fracaso de haber perdido el gobierno recientemente, el 5 de julio de 2022, tras una Moción de Censura votada por algunos de los que, por cierto, consiguieron ese cambio junto a nosotros. Me refiero a CILU (partido político localista), mis amigos antes y después de esta historia, aunque no tanto durante ella.

Y digo avergonzado porque acabamos de perder el Gobierno Municipal sin tener las necesarias reuniones y consenso entre todos nosotros, sin compañerismo, apartándonos a Ángeles Isac y a mí (n° 1 y n° 2 de la candidatura popular) mientras el resto movían los hilos a su antojo junto al Alcalde censurado, que llegó a serlo como independiente en la lista de otro partido, C's, por cierto, con nuestros votos. *Ojo a esto.*

Si hubiese habido algún éxito que celebrar, habrían presumido de él los que acapararon la estrategia para evitar perder el gobierno, tal y como hicieron con otras cosas.

Como lo que ha habido es un fracaso estrepitoso, pues toca compartirlo entre todos, incluso con los que fuimos *excluidos del proceso.*

Ahora que ya lo hemos perdido todo, mis compañeros sí

quieren reunirse con nosotros, pero es para repartir las indemnizaciones por asistencia a las Comisiones Informativas del Ayuntamiento (el dinero que se cobra por asistir a ellas), ya que no nos corresponde ninguna otra remuneración como Concejales al perder el gobierno y, con él, los sueldos.

Vaya a ser que los que hemos atendido las Comisiones Informativas durante tres años sin cobrar indemnizaciones sigamos haciéndolo, pero ahora sí cobrándolas.

Precisamente, el que antes *pasaba olímpicamente* (durante tres años) de las Comisiones Informativas porque cobraba por otro medio (su liberación; un sueldo directo) aunque no asistiese a ninguna, ahora tiene mucho interés en ellas para el año que queda de Mandato Municipal, al no tener oficio alternativo.

Pensará el lector que a qué viene esto tan miserable, hablando ya de dinero en las primeras páginas, y con razón. Pero, sintiéndolo mucho, es lo que está pasando justo ahora que he comenzado a escribir este libro, tan avergonzado como cualquiera que lo esté leyendo.

De hecho, esta ha sido la gota que ha colmado el vaso y me ha traído frente al teclado, y a aprovechar los años de apuntes que tengo. Esta vez, mi capacidad para olvidar (vamos, mi malísima memoria) no va a ser excusa para no tener, ni siquiera yo, una explicación.

La Alcaldía que hemos perdido, como decía, la ostentaba un candidato independiente que encabezaba la lista de Ciudadanos en Linares; o sea, que hicimos Alcalde a otro candidato (Raúl Caro) que no era de nuestro partido.

Ciudadanos no ganó las Elecciones Municipales, ni tampoco

quedó segundo. Quedó tercero, pero gobernó con el apoyo y generosidad del Partido Popular (los segundos), junto con el sostén también de los cuartos (CILU), a cambio éstos de una importante cuota de poder.

CILU, sintiéndose traicionados por el experimental Alcalde tras dos años de gobierno, promovió esta Moción de Censura hasta conseguirla al tercer año de mandato, poniendo con ella fin al que se podría considerar como *el último Alcalde de C's: el de Linares.*

¿Cómo pudo pasar esto?

¿Cómo pudo Raúl Caro llegar a la Alcaldía sin ganar las elecciones, y sin ni siquiera ser C's el primer partido de la oposición?

Es más, ¿cómo llegó alguien como él a ser candidato a una Alcaldía por un partido emergente?

¿Qué puede esconder esta controvertida historia? ¿La historia continúa? ¿Se repetirá?

Lo que más preocupa hoy a la militancia popular es: ¿volverá Raúl Caro a ser Alcalde de alguna forma? ¿Serán verdad los rumores de que seguirá intentándolo, pero esta vez *trepando* dentro del Partido Popular?

3 EL LINARES DE ANTES, SUELO DE ESTA HISTORIA

Linares es esa conocida ciudad que, hace más de 20 años, vio cómo se cerraba su histórica fábrica de Santana, en la que se fabricaban los vehículos 4X4 de SUZUKI, mediante un contrato de concesión. Antes, la gran y exitosa fábrica de los Land Rover.

Santana era el último gran pulmón económico de la ciudad y, mediante un acuerdo sindical tras 10 años de *millones y millones* de euros inútiles, derrochados, y provenientes de la Junta de Andalucía, en 2011 cerró sus puertas definitivamente, en el contexto además del caso de corrupción de los ERES de Andalucía.

Los pocos *santaneros* que quedaban, votaron a favor del cierre (83%) y se acogieron a la prejubilación los que pudieron (por edad), presumiendo algunos de no tener que trabajar más.

Salieron sin cerrar la puerta, dejando a sus hijos (y nietos) sin fábrica en la que trabajar, *gripando* definitivamente nuestro frágil tejido económico, y condenando a los jóvenes a abandonar la ciudad o quedarnos en el paro, porque ningún otro sitio quedaba ya donde *echar el jornal.*

Entre ellos yo, sin ser hijo de *santanero,* aunque sí nieto.

Años más tarde, cuando tomé conciencia del grave problema

que tenía mi ciudad (con unos 24 años), me interesé por la política buscando una explicación y participé activamente en ella. He tardado 8 años en encontrar razones, y 4 en comprenderlas.

A partir de aquí contaré mi experiencia, en múltiples estadios sociales, políticos e institucionales, y aplicaré el razonamiento para deducir, con ejemplos, las causas raíz de la situación de Linares.

En mayo de 2015 se celebraron elecciones locales, a las que concurría la entonces parlamentaria, Ángeles Isac, como candidata a la Alcaldía por el Partido Popular. Consiguió *sacar* 8 concejales (con 7.333 votos) pero, no fueron suficientes para gobernar, y lo hizo de nuevo el Partido Socialista (con 9.289 votos).

Era la historia de siempre: un PSOE tan imbatible como ruinoso, frente a un PP que no convenció al ciudadano a pesar de ser la ciudad más *castigada* por el socialismo, a mi entender, de todo el país.

Linares era una ciudad con el *grifo cerrado* permanentemente desde la Junta de Andalucía (también socialista), porque su entonces Alcalde (Juan Fernández, ahora condenado -aún no en firme- a prisión por cuestiones relacionadas con su gestión y **aireadas por el propio PSOE**, pero que gobernó durante dos décadas) era mal recibido en San Telmo (Sevilla) por sus malas formas, y **por ser muy crítico**, entre otras cosas.

El PP venía con una trayectoria en la ciudad de poca oposición al PSOE; casi en connivencia con él. Un PP amigo del PSOE que le aprobaba algo así como un 95% de sus mociones, siendo su Presidente y Portavoz Municipal el Sr. Antonio Martínez, junto a pocos más Concejales.

SOY CRÍTICO

Un PP que pasaba desapercibido sin actividad política ni social más allá de con sus simpatizantes y en el cual, año tras año, los que formaban parte de su Grupo Municipal cobraban indemnizaciones por asistencias a Comisiones Informativas, pero sin nada que recondujese la fatal situación económica de la ciudad.

Sí se les recuerda, por ejemplo, por un brillante plan de accesibilidad del que luego el PSOE se apropió, y el PP se tuvo que sobreesforzar para intentar que la ciudad supiese que aquello era talento del Partido Popular.

Pocos saben, por cierto, el nombre del arquitecto (y Concejal) que redactó aquel plan. El PSOE no dejó que el PP brillara por ese éxito, pero tampoco el PP dejó que su Concejal brillase por el trabajo que, exclusivamente, él había realizado.

Siempre la misma historia.

En las filas populares había quien, además, podría estar compaginando su vida política con su actividad profesional colaborando con el Ayuntamiento y percibiendo directa o indirectamente cuantiosas minutas, pagándolo todo el *Aerarium*.

Todo esto se veía con recelo desde el PP Andaluz (Sevilla). Si querían ganar la Junta de Andalucía, había que empezar por ganar Alcaldías, y eso era especialmente importante en aquellas grandes plazas 100% socialistas, como Linares.

Así que Javier Arenas, en ese momento líder popular andaluz, decidió enviar a una *primera espada* de su equipo en el Parlamento Andaluz (formada en su regazo) de vuelta a su ciudad, Linares, para liderar la estructura local del partido y conseguir esta Alcaldía tan icónica.

La elegida así lo hizo, entrando como *elefante en una cacharrería*, comprometiendo a una muestra muy importante de la Sociedad Civil, abriendo las puertas de la sede popular incluso a contrarios, y afiliando a variopintos ciudadanos que, entre todos, construyeron (y construimos) la ilusión y el proyecto de Ángeles Isac (PP) en Linares, con el que probablemente el eventual lector se sienta identificado y orgulloso o, al menos, recuerde esto con una sonrisa.

Pero no llegó a tiempo en las elecciones de 2015, tal y como dije antes. Ángeles no convenció, y hubo que recalcular y mejorar la hoja de ruta.

Desde entonces fue aumentando el nivel de cualificación y talento en las filas populares, y Ángeles lideró un Grupo de Concejales en el Ayuntamiento que, con muchos errores, traiciones internas y contados aciertos, hizo *mucho ruido* y sacó *mucha mierda* de dentro del Ayuntamiento.

Hasta entonces, el mantra Linarense de ciudad socialista inconquistable seguía presente e, incluso, se amenazaba a los que se identificaban públicamente como pertenecientes a este nuevo PP, entre los que fui yo uno más, organizando las campañas de información que desde 2015 hasta 2019 se hicieron a través de las redes sociales; eso sí, no desde las cuentas oficiales del partido, ya que esas eran controladas por el asistente del Grupo Municipal del Partido Popular, y *se revolvía* para que nadie las tocase; era su interés personal.

De hecho, ese problema sigue ahí: las redes sociales del partido son tan asépticas, *sosas* y carentes de estrategia, que sólo sirven para publicar expresiones vacías y *cursis* notas de prensa, con la esperanza de que algún periodista acuda como último recurso para *rascar* algo de contenido en ellas cuando no tenga nada mejor.

Si eso ocurre, rápidamente se pone en valor para justificar así la efectividad de las cuentas oficiales del partido.

A efectos prácticos, las cuentas oficiales del PP de Linares son tan *perfectamente impersonales*, y pedantes, con un alcance comparable al de un grupo de WhatsApp de simpatizantes, y cada vez menos.

4 LA PRECAMPAÑA PARA CONQUISTAR LA ALCALDÍA

Fue una estrategia de comunicación ideada por Ángeles y materializada por mí a través de las redes sociales, pero sin utilizar las cuentas oficiales del partido, sino las nuestras.

Se trataba de comunicar a la ciudad lo que, a través de los medios de comunicación tradicionales, nos era imposible transmitir, mediante notas o ruedas de prensa, por ejemplo.

El plan, dicho con palabras sencillas, consistió en contarle a la ciudadanía, a través de las redes sociales, aquello de lo que los periodistas no se hacían eco, y consiguiendo la *materia prima* (información) gracias a nuestra presencia dentro del Ayuntamiento como Concejales en la oposición.

Los mensajes contrarios al Partido Socialista (principalmente los nuestros, los del PP) difícilmente eran recogidos por los periodistas de forma efectiva como para tener repercusión social. Ellos sabrán por qué. Quizás esto era casualidad, pero así era.

Quizás la calidad política de nuestras notas de prensa era cuestionable. Yo creo que, desde un punto de vista periodístico, nuestras notas de prensa *aprobaban raspado*. Sin embargo, desde un punto de vista efectivamente político, resultaban inútiles.

Ocurrió todo lo contrario a través de las redes sociales: comunicar mensajes rompedores con un largo alcance nos fue relativamente fácil. Los algoritmos de Facebook eran simples y las campañas se podían adaptar para que nuestros mensajes circulasen *como la pólvora* a través de él.

Nunca olvidaré las caras, los nombres, los apellidos y las confidencias de los integrantes de aquel gran *equipo de comunicación*, que llegó a ser un referente nacional en tiempos en los que Pablo Casado era jefe de comunicación del Partido Popular, mientras yo lo era a nivel local, con algún reconocimiento puntual por su parte.

Las pesquisas salían del Grupo Municipal del PP (de los Concejales populares), que para eso estaba presente en el Ayuntamiento, y nosotros *movíamos* los mensajes en las redes.

Era brutal ver la repercusión o alcance orgánico (sin pagar) de las publicaciones en Facebook en aquella época. Yo solía decir que, si queríamos que Linares supiese algo, teníamos el poder de comunicarlo y que eso no podía impedírnoslo nadie.

Eso, además, ayudó a que la familia popular aumentase mucho y la actividad social en la sede fuera boyante; entre otras cosas, por la credibilidad que nos dio tratar los asuntos con rigor y contundencia.

Fue un camino de muchos éxitos, muy divertido, pero por el que sacrificamos muchos aspectos de nuestra vida personal. Lo vivimos como una ilusión a largo plazo; sabíamos que, algún día, daría sus frutos.

SOY CRÍTICO

De hecho, el primer fruto fue la *desarticulación* del eventual Partido Socialista en Linares.

Su líder de entonces (el ya mencionado Juan Fernández, que ha terminado condenado a prisión, aunque aún no en firme), pasó de ser incuestionable a cuestionado incluso, llegado el momento, por sus propios compañeros que fueron los que, en mi opinión, empezaron a cocinar entonces *en las altas esferas* su condena judicial y salida política.

Hace poco en un Pleno en el que lo despedimos como Concejal, le dije: te pido disculpas, Juan, por el daño que te hayamos podido hacer; el Partido Popular encendió la chispa, pero han sido los tuyos los que te han quemado en la hoguera.

Esta frase tuvo repercusión en ciertos medios de comunicación nacionales, aunque ninguna a nivel local. *¡No esperaba menos!*

La verdad es que, desde el año 2015 hasta el 2018, nos sentimos bastante bien. Éramos muchas personas las que participábamos en la actividad del partido, aunque, a la hora de la verdad, organizando al 100% siempre estábamos los mismos.

Está claro que el que da lo que tiene da mucho, y es de agradecer a todos los que, aunque fuese puntualmente, arrimaron el hombro.

Eso no quita que quienes teníamos la responsabilidad sobre nuestros hombros nos sintiéramos solos en ocasiones, reconociendo que éramos cuatro gatos para lo que teníamos encima, y viéndonos obligados a comprometer a personas constantemente para conseguir ayuda y cumplir objetivos.

A los que nada hay que agradecer es a aquellos que no

estuvieron o, estando (incluso cobrando), no se mojaron. Cuidado, que hoy son *los protagonistas* de la vida política, aunque igual de cretinos, miserables y convenencieros que antes.

Pero bueno, la cosa salió bien y comunicamos todo lo que quisimos. Linares tenía que saber la verdad de cómo era gobernado desde su Ayuntamiento, sus consecuencias, y cómo los socialistas *tapaban las vergüenzas* de su partido que, desde Jaén y Sevilla, estaban traicionando a esta ciudad ocasionando su declive social y económico.

El cómo de esta historia, desde su punto de vista, también la ha contado más tarde *el ahora bueno,* Juan Fernández, condenado además de calumniado y vilipendiado por su propio partido (PSOE), del que incluso expulsaron.

No seré yo quien hable de eso, aunque sí quiero decir, metafóricamente, que cuando la cerveza se terminó en la sede del PSOE de Linares se tiraron los cascos de *Alcázar* a la cabeza.

Un clásico, pero, cuidado, que en la sede del PP van de camino.

5 LA IRRUPCIÓN DE CIUDADANOS EN EL ESPECTRO POLÍTICO

Ciudadanos era un partido nuevo, aunque no tan nuevo, liderado principalmente por anteriores militantes del Partido Popular que decidieron *salir* de las filas del PP para concurrir en listas paralelas en momentos en los que el Partido Popular sufría *aguas bajas* (y bravas), *abandonando el barco*, y ofreciéndose éstos como la alternativa liberal al Partido Popular.

En realidad, sus listas nacionales, autonómicas, provinciales y municipales estaban formadas por individuos del Partido Popular o que, al menos, hasta ese momento se encuadraban en su espectro ideológico; eso sí, en el caso de anteriores militantes del PP, careciendo éstos de arraigo, respeto o sentimiento de pertenencia hacia él.

Me da pena que nuestro partido aún no haya sabido diferenciar, o no lo haya hecho en la práctica, a los militantes de conveniencia de los que realmente creen en el *sentir* de nuestras filas.

SOY CRÍTICO

El Partido Popular de Jaén sufrió a mediados de 2017 un Congreso Provincial bastante convulso, muy lesivo para su militancia, en el que para suceder al hasta entonces Presidente, José Enrique Fernández de Moya (en adelante, José Enrique), se postularon dos candidaturas: una *oficialista*, propuesta por José Enrique, que era la del Alcalde de Santiesteban del Puerto (Juan Diego Requena, en adelante, Juan Diego); y, la otra, diatriba (*crítica*) de José Enrique, liderada por el que era Alcalde de Porcuna, Miguel Moreno y, según las *malas lenguas*, con el apoyo de Juanma Moreno, adversario de José Enrique.

La lucha de poder fue tan visceral que llegó incluso a lo personal entre compañeros de partido que llevaban décadas compartiendo filas; bueno, también hubo juzgados de por medio.

Fue tan sangrante que terminó con un Partido Popular de Jaén muy afectado, del que nos avergonzábamos, y que favoreció al Partido Socialista, como siempre pasa cuando hay lucha de poder entre nosotros mismos.

Yo mismo, que en ese momento mantenía una relación afectiva con Mariola Aranda (Alcaldesa de la E.L.A., la Estación Linares-Baeza), tuve mis más y mis menos porque apoyé a José Enrique, al igual que nuestra Ejecutiva Local, mientras que ella cuestionaba si era lo adecuado; pero recurriendo siempre en su *mono-ideario* al argumento de que *José Enrique no apoyó nunca a las ELAS* (Entidades Locales Autónomas, como la Estación).

Esto generó ciertos problemas entre nosotros, que no viene al caso detallar pero que ahí estuvieron, aunque sin trascendencia en lo personal porque *de donde no hay, no se puede sacar.*

SOY CRÍTICO

Finalmente, aquellos críticos con José Enrique terminaron en Ciudadanos tras el mencionado Congreso Provincial del PP, con el amiguismo de los *compis* que se quedaron en él para que no se les enfriase el sillón.

Cosas de la vida: a veces, por evitar que se te vea el plumero, se te termina viendo el culo.

Digo lo anterior porque venció la candidatura de Juan Diego Requena, y Miguel Moreno (con su hijo) salió de las filas del PP acompañado también de una buena cantidad de afiliados que concurrieron por C's en diversas candidaturas locales y autonómicas.

Y así surgió esa estructura de C's en Jaén, como una escisión del PP, que penalizó fuertemente nuestros resultados electorales a cualquier ámbito; total, en todos sitios pasó igual, y por eso el resultado a nivel nacional fue el que fue, e incluso a nivel autonómico.

Pero después no todo fue C's *vs* PP, ya que no todos salieron de sus filas, al igual que no todos se quedaron. Hubo Alcaldes importantes de la provincia que, al igual que Mariola, continuaron tratando con cierto amiguismo a los tránsfugas, e incluso generaron estructuras paralelas (fuera de la estructura y Estatutos de nuestro partido) de tan diversa índole, morfología interpersonal, y calado, que era imposible predecir al 100% sus intereses, dando lugar a candidaturas para una misma ciudad donde C's y PP iban de la mano, aunque divididos y penalizados dramáticamente por el método D'hondt que aplica la Ley Orgánica del Régimen Electoral General (LOREG), mientras en otras plazas concurrían fuertes adversarios que, por su actitud, espantaban al elector del centro-derecha.

En cualquier caso, penalizando siempre la marca PP.

Eso sí, todos sabíamos que el azucarillo en tan candente café se iría disolviendo, sin que llegase a verse si era blanco o moreno; que la política, al igual que el café, es negra por definición.

No fue exactamente el caso de Linares, por si el lector lo estaba pensando. El caso de Linares ha sido mucho más sencillo, aunque también más sutil y deshonroso.

En cualquier caso y de manera generalizada, C's (*que en paz descanse,* y sobre él va este capítulo) llegó de la mano de aquellos que se salieron de la estructura y sistema organizativo (Estatutos) del PP que tantos éxitos nos ha dado como partido a todos los niveles, para concurrir por su cuenta a unas elecciones a las que, de ninguna forma, habrían podido llegar como candidatos populares, probablemente por encontrarse con compañeros mejor preparados que ellos, con mejor trayectoria y mayor confianza del elector, que *irían primero* en las tan cotizadas Lista Electorales.

6 LISTA ELECTORAL DEL PP DE LINARES, ELECCIONES 2019

En mayo de 2019 se celebraron elecciones en los municipios, pero, previamente todos los partidos políticos tuvieron que confeccionar sus distintas listas electorales que concurrirían a cada plaza.

La que nos ocupa es la lista del PP de Linares. Yo fui el Secretario General del Partido Popular de Linares, y Secretario del Comité Electoral, por lo que pude vivirla *desde muy dentro*.

Dentro de los grandes partidos es normal que los distintos comicios se prevean para un reparto justo, o estratégico, de candidatos. Esto es, por ejemplo, teniendo en cuenta quién irá en las listas a las elecciones al Parlamento de Andalucía, reservando a los que acudirán inmediatamente después.

Por poner un último ejemplo, este año 2022 el PP de Jaén envió a Auxiliadora del Olmo (en adelante Auxi, nuestra Concejal en el Ayuntamiento) como *representante* desde Linares al Parlamento de Andalucía y eso implica, normalmente, que el partido no tendría pensado que fuese la próxima candidata a la Alcaldía de Linares.

Luego, ha resultado no ser así, y ha sido precisamente Auxi la designada como candidata a la Alcaldía de Linares, aunque no sin controversia. De hecho, paradójicamente, no recibió cargo alguno dentro del Parlamento Andaluz, más allá de ser Secretaria de una Comisión (una nimiedad), y ahora se explicaría el porqué.

Este asunto lo retomaré más adelante.

En el caso de las Elecciones Municipales del 2019, estuvieron precedidas por las Elecciones Andaluzas del 2018. Finalmente, de Linares fue enviada al Parlamento Ángela Hidalgo (en adelante, Hidalgo), que hasta ese momento era también Concejal en el Ayuntamiento de Linares (sin gobernar, con el PP en la oposición), pero detractora de la tanto Presidenta Local como Portavoz del Grupo Municipal en el Ayuntamiento, Ángeles Isac.

Para que Hidalgo fuese candidata electa al Parlamento Andaluz en 2018, hubo que hacer un trabajo político dentro del propio Partido Popular de Jaén, donde Ángeles Isac tuvo un papel decisivo, tanto como Presidenta local en Linares como por su propio *peso político* dentro del PP Andaluz (por su trayectoria como Diputada andaluza y nacional) que supo utilizar dentro del entramado político de turno.

Como es natural, desde la dirección provincial (en ese momento liderada por Juan Diego Requena), Ángeles era bien recibida y, por tanto, escuchada y tenida en cuenta. En el momento oportuno desde la Dirección Provincial se consultó a Ángeles para decidir quién debería en la lista al Parlamento de Andalucía por la provincia de Jaén, de Linares.

Ángeles ofreció el puesto a la Alcaldesa de la ELA Estación Linares-Baeza, Mariola, pero ésta no aceptó la sustanciosa propuesta.

Hidalgo, por su parte, comenzó su propia campaña para conseguir ser ella quien fuese inscrita en las listas electorales y, finalmente, convenció a Ángeles Isac para que la propusiese, y así ésta lo hizo.

Pero Juan Diego (el Presidente popular provincial) venía arrastrando una sucesión de desplantes y descréditos desde dentro de su propio partido (tanto a nivel nacional como a nivel andaluz), por el simple e injusto hecho de haber sido *el candidato oficialista* que dejó el anterior Presidente Provincial, José Enrique (supuesto adversario de Juanma Moreno), por lo que su opinión como Presidente Provincial no era muy tenida en cuenta en instancias superiores o, más bien, tomada de contrario sistemáticamente.

Recordemos que después, Juanma Moreno, formó gobierno con C's (liderado entonces por Juan Marín, que entró en el gobierno de Juanma como Vicepresidente de la Junta de Andalucía).

A su vez, allí en Sevilla comenzaba a fraguarse algo que desconozco en profundidad pero que dio lugar a que, en medio de todo esto, surgiese un nombre que nadie había escuchado antes y que, sin consultar con la dirección local linarense ni provincial, iba a ser propuesto desde Jaén (pero no desde la Presidencia Provincial) como candidato linarense para la lista al Parlamento de Andalucía por Jaén.

Este nombre era Raúl Caro que, en ese momento, era el Gerente de la Cámara de Comercio de Linares.

Aquella absurda propuesta fue abortada, ya que Raúl Caro literalmente no había pisado la sede del Partido Popular y su inclusión en las listas al Parlamento de Andalucía por Jaén, además de torcida, no iba a ser bien recibida por la militancia, que merecía el máximo respeto pues era la base del *nuevo campo* en Linares.

Al año siguiente terminaría Raúl Caro siendo Alcalde de Linares, inscrito como candidato independiente en una lista electoral por Ciudadanos, arrebatándole el puesto a Ángeles Isac (PP); solo lo menciono aquí para centrar al lector no familiarizado con los nombres, y profundizaré en esto más adelante.

Hoy sospecho de qué actores surgió aquella descabellada, interesada y frustrada propuesta de que Raúl fuese Diputado del PP por Jaén, pero no puedo afirmarlo. Sí creo que sé de qué tablero de intereses surgió, y es el mismo que lo llevó años después a ser Alcalde.

Finalmente, Hidalgo concurrió en la referida Lista Electoral por Jaén, siendo incluso elegida y, gracias a aquello, ha sido Parlamentaria durante la anterior legislatura de gobierno de Juanma Moreno en el Parlamento de Andalucía.

Evidentemente, esto no fue del agrado de Raúl Caro ni de los que movían sus hilos.

Así, el escenario político quedaba con un partido local con una líder tenida en cuenta (Ángeles Isac), propuesta más tarde como candidata a la Alcaldía de Linares por el Partido Popular, ya que los candidatos a las alcaldías de las ciudades andaluzas de más de 20.000 habitantes se eligen desde Sevilla (así lo dicen nuestros Estatutos).

Mientras tanto, en la agrupación local de C's, liderada y defendida hasta ese momento por Salvador Hervás, hubo una especie de *golpe de estado*. Todos los cargos de la Ejecutiva Local fueron cesados desde Jaén y nombrados otros, que acompañarían la candidatura del que posteriormente fuese su *cabeza de lista* a las municipales de 2019, de nuevo Raúl Caro; eso sí, como independiente, *vaya que se mojase.*

Aquí comenzaba, oficialmente, la historia política de Raúl Caro. Otro personaje que, como otros, fue ocultando su *plumero* mientras *trepaba* por las *trastiendas* políticas intentando dar el salto a las instituciones gracias al PP, pero que finalmente no pudo y terminó meses más tarde, también oportunistamente, encabezando la Lista Municipal de C's en Linares.

Este movimiento dentro de C's pasó desapercibido para la ciudadanía, evidentemente porque a pesar del estrellato de la marca naranja, realmente poco le importaba a la sociedad *sus vergüenzas.*

Ya cerca de las Elecciones Municipales, C's presentó su lista en la que también hubo *tela que cortar* ya que, personas que habían defendido la marca y los ideales naranjas durante mucho tiempo, y que habían conseguido mantenerse en la Ejecutiva Local, fueron relegados a peores puestos en la Lista Electoral que les hizo perder la esperanza de llegar a ser Concejales.

En el Partido Popular la cosa fue más bondadosa, aunque también con sus más y sus menos.

Ángeles Isac fue proclamada como candidata del PP a la Alcaldía de Linares, oficialmente, en un acto celebrado en Antequera el 11 de marzo de 2018 (1 año y 2 meses antes de las elecciones), junto al resto de candidatos a alcaldías de municipios andaluces de más de 20.000 habitantes.

El resto de la lista electoral popular (hasta el nº 25, y los tres suplentes) fue debatida en Comité Electoral local, como no podía ser de otra manera, un año después, el 26 de marzo de 2019. De ese comité yo fui Secretario y, en él, se acordó la Lista de Candidatos que acompañaríamos a Ángeles Isac en esta Candidatura Municipal al gobierno del Ayuntamiento de Linares.

Las deliberaciones del Comité Electoral son secretas y, como tal, no debo contar sus detalles. Sí debo decir que no fue fácil la defensa de ciertos puestos, sobre todo los de salida, a excepción del mío como nº 2 que, con alguna salvedad que quedó en anécdota, he de agradecer que fuese acogida con tanto cariño e ilusión por los integrantes de ese comité.

Quizás porque yo estaba físicamente allí, y habría sido muy *heavy* poner en la mesa calumnias sobre mí, *en mi cara;* que por cierto alguna hubo.

No todo fue así antes del mencionado Comité Electoral, ya que, según se acercaba el momento de la elección de candidatos, los miembros de esta formación política local a la que pertenezco empezaron a privarme del cariño al que me tenían mal acostumbrado.

Al principio no entendía el porqué, e incluso me sentía mal, porque comencé a observar que conforme mi nombre se iba postulando para concurrir en la Lista Municipal, iban decayendo mis relaciones personales con otras personas del partido, así como que aumentaron las críticas y cotilleos sobre mí e, incluso, dejaron de pulsar *me gusta* en mis redes sociales.

Esto último tiene la importancia justa, pero a modo indicativo es un fiel testigo del comportamiento humano cuando uno no está *cara a cara* con otro.

SOY CRÍTICO

Al fin y al cabo, sin darme cuenta y dejándome llevar, me encontraba dentro de una escalada de poder donde un conjunto de personas (afiliados del Partido Popular de Linares) se intentaban postular para intentar ir ellos en la Lista Electoral municipal, cuanto más arriba mejor, *ego en mano, y vergüenza aparte.*

Nuestra Lista Electoral fue presentada ante la Sociedad Civil en un acto público, el 10 de abril de 2019, que se celebró en el salón del Hotel Aníbal de Linares.

El acto no se organizó solo y, aunque parezca mentira, pocos fuimos los que arrimamos el hombro para que todo saliese bien. Allí no estaban ni los 10 primeros de la lista, cada cual con su peor excusa *o cara dura.*

Sí acudieron afiliados incondicionales y generosos que, sin buscar nada a cambio, siempre arrimaban el hombro en lo que podían.

Los nombres de las personas que allí estuvieron, trabajando con ilusión para que todo saliese bien, los recordaré de por vida; a los *cara dura* que iban en los puestos de salida, pero que no estuvieron allí trabajando, también.

Yo era el Secretario General de la formación, número dos de la flamante Lista Electoral, y me sentía con toda la responsabilidad de que todo saliese bien, entre otras cosas para no defraudar a Ángeles.

Tampoco me olvido de Antonio Garrido Moraga, que en paz descanse: amigo de Ángeles, ilustre Diputado andaluz y ex Director del Instituto Cervantes de Nueva York, que no quiso perderse el Congreso Local de *su amiga Ángeles* el 16 de septiembre de 2017 en el que revalidó su liderazgo ante la militancia e incluso estuvo el Presidente Andaluz,

Juanma Moreno, que acudió con su brazo en cabestrillo.

Recuerdo que el mismo día del Congreso (en el año 2017), ya con todo el acto preparado, fui a recoger a Antonio (no recuerdo si a Córdoba o Granada, que Dios me perdone) junto a Ignacio, el marido de Ángeles; gracias a la tertulia del camino, aquel viaje con Antonio fue, sencillamente, maravilloso y emocionante.

¡Qué gran hombre, por Dios, por la Virgen, y por la inmensidad del universo! Descansa en paz, amigo.

El día de la presentación de esta candidatura, prácticamente un año y medio después de ese Congreso, y un año después de su muerte, yo recogí en mi intervención sus palabras durante ese viaje (cuando fui a recogerlo) hablando maravillas y de una forma preciosa de Ángeles, enfatizando su bondad con un dominio de la comunicación que hacía saltar las lágrimas a cualquiera; yo, *que soy un flojo*, no pude contener la emoción que sus palabras generaron en mí mientras conducía.

Antonio era sabio, un maestro, un grande; una buena persona. Fue quien puso eslogan a nuestra Candidatura Municipal: *ahora es el momento del cambio.*

La lista estuvo formada por:

1. Ángeles Isac, candidata a la Alcaldía de Linares, y Presidenta del PP de Linares.

2. Daniel Moreno, quien escribe, Secretario General del PP de Linares.

3. José Luis Roldán (en adelante, José Luis), en ese momento Concejal en el Ayuntamiento.

4. Enrique Mendoza (en adelante, Enrique), persona que

incorporó Ángeles como novedad en esta lista que, aunque no era conocido por la militancia y no habíamos visto pegar un cartel del PP, consideró que haría un buen papel dentro del Ayuntamiento; y no se equivocó.

5. Auxi, en ese momento Concejal del partido en el Ayuntamiento.

6. … etc.

El resto de la lista, con nombres muy loables, de gran calidad humana y profesional a los que aprecio mucho, no ha tenido relevancia en los hechos que pretendo contar en este libro.

En ese acto se dio pistoletazo de salida a la campaña, seguido de la pegada oficial de carteles, mucha ilusión y ganas de *cambio* en nuestra ciudad.

7 ELECCIONES Y PACTO DE GOBIERNO

Los resultados electorales no fueron los que esperábamos. Si bien, sabíamos que C's *nos quitaría* votos, nunca pensamos que fuese a ocurrir de esta forma, tal y como sigue:

- PSOE: con 6.854 votos, consiguió 8 Concejales.
- PP: con 4.922 votos, consiguió 5 Concejales.
- Cs: con 4.885 votos, consiguió 5 Concejales.
- CILU: con 3.179 votos, consiguió 3 Concejales.
- Linares Primero: con 2.505 votos, consiguió 2 Concejales.
- IU: con 1.813 votos, consiguió 2 Concejales.

Los anteriores conformaron el Pleno Municipal de 25 Concejales y, fuera del Ayuntamiento, quedaron VOX y PODEMOS.

Pasaron dos semanas desde las Elecciones y no hubo noticias de acercamientos, que realmente no se produjeron, entre PP y C's. Los que estaban *llamados* a entenderse para poner fin al socialismo ruinoso de Linares, se encontraban desaparecidos, o *refugiados en su ego*, al menos oficialmente.

SOY CRÍTICO

Fue a partir de la tercera semana cuando comenzó a haber algún movimiento, contactos, etc. Como punto de unión entre PP y C's, además de la propia relación personal entre Ángeles y Raúl Caro (que yo nunca vi realmente buena), actuó Enrique Mendoza, ya dentro del Grupo Municipal del PP, pero íntimo amigo de Raúl Caro. Fue quien concilió posturas y actuó a modo de mensajero, aunque no libre de sospechas por sus inclinaciones, por amistad, hacia Raúl.

Como de costumbre en política, todo ocurrió a última hora y de manera precipitada. Recuerdo un día, *clavado en mi corazón*, en el que estábamos los inminentes Concejales del Partido Popular reunidos en nuestra sede; todos, menos Enrique.

Enrique llegó un poco más tarde, pero traía un mensaje (en política llamado *globo sonda*), y era que «Raúl iba a formar gobierno con nosotros, o con el PSOE, pero que iba a hacerlo seguro».

Lo anterior fue contado por Enrique con un matiz y es que, como el candidato socialista (Daniel Campos) no estaba en su mejor momento político, su *jefe* jerárquico superior (Francisco Reyes, líder del PSOE jiennense y Presidente de la Diputación Provincial de Jaén) había ofrecido la Alcaldía de Linares a Raúl, incluyendo *sacrificar* (políticamente hablando) a Daniel Campos como candidato, todo para que finalmente no entrase en el Gobierno Municipal el Partido Popular.

Y claro, esto dejaba al PP en una situación delicada porque, según Enrique, «Raúl iba a ser Alcalde con el PP, o con el PSOE; pero Alcalde, seguro».

Nosotros, la verdad, que le creímos.

SOY CRÍTICO

Hoy en día yo cuestiono bastante si eso fue justamente así. Le daré un ejemplar de este libro al Sr. Reyes, por si me lo quiere confirmar.

Lo cierto es que, como buenas personas que somos, no pusimos en duda la palabra de nuestro compañero de filas (Enrique), aunque también íntimo amigo de Raúl, y aceptamos que para cumplir con nuestra promesa electoral estrella (el *#cambio*), tendríamos que renunciar a que Ángeles Isac fuese Alcaldesa, dejando paso a Raúl Caro como Alcalde, siendo éste un simple candidato independiente, *aunque oportunista*, que concurría por la lista de C's.

Esto lo hicimos dejando clara la condición de que se velara por los intereses partidistas del Partido Popular, sin que éste quedara relegado en el día a día de gobierno a un segundo plano. Además, porque C's venía sin un Programa Electoral útil y real, y sólo se podría gobernar con el del PP.

Para *sumar* lo suficiente para formar gobierno hubo que contar también con CILU, que es una formación localista que también concurrió a estas elecciones prometiendo *despojar* del Ayuntamiento al PSOE.

Así sumaríamos 13 Concejales, que es la mayoría del Pleno Municipal, y que nos dio la independencia política suficiente para poder ejecutar nuestras políticas, incapacitando además al PSOE como oposición.

A todo esto, Linares Primero (un nuevo partido localista, fundado por el exalcalde Juan Fernández, expulsado del PSOE) se sumó también con su voto a favor de la investidura de Raúl Caro, por lo que fue investido Alcalde con 15 votos a favor.

El reparto de Concejalías de Gobierno (Delegaciones de Alcaldía) se acordó en la sede local de la Cámara de Comercio de Linares y, por parte del PP, acudieron Enrique y Ángeles.

Ella dice que pronto se dio cuenta que *todo estaba ya acordado previamente entre ellos,* y que fue allí para cerrar algunos detalles y firmar *el pacto.*

A mí no se me permitió asistir a esa reunión. No me dieron razones, pero después supe que ya en ese momento Raúl me atribuía la autoría de una campaña contra él, que por cierto nunca se ejecutó, y dijo que allí no entraba yo; él estaba en su territorio (la Cámara de Comercio) y, sin aún conocerlo, esa actitud ya me pareció una muestra de cobardía.

Raúl sería así Alcalde; Ángeles, Tercera Teniente de Alcalde y Portavoz del Ayuntamiento; y Javier Bris (líder de CILU), Segundo Teniente de Alcalde.

Esto ocurrió mientras Ignacio (el marido de Ángeles), José Luis y yo esperábamos en la sede del Partido Popular. No recuerdo dónde estaba Auxi, la verdad; aparecería después.

Sí recuerdo cómo José Luis me explicó allí, mientras tanto, en una hojita de papel que traía consigo, cuáles eran los sueldos que quería proponer. Recuerdo la cifra de 72.000 euros que, según él, era el máximo bruto anual que podíamos cobrar como Concejales liberados, y que él defendía.

José Luis pretendió convencerme para apoyarle y que cobrásemos eso cada uno: el máximo posible. *Él y sus sueños húmedos.*

SOY CRÍTICO

Tras algunas llamadas de teléfono en las que Ángeles nos consultó acerca de las delegaciones que nos propusieron y finalmente íbamos a tener (de mí se propuso que llevase Protección Civil y Bomberos, y yo pedí también Tráfico e Industria), recibimos la llamada de Ángeles diciéndonos que había suscrito este acuerdo de gobierno que, la verdad, no era programático sino de reparto de cargos y sueldos.

Yo elegí la mitad del sueldo más pequeño, en concepto de media liberación. Mi intención fue, *además de serlo, parecerlo*. No llegué a la política por dinero y quería demostrarlo siendo el que menos cobrase de todos, de lejos, distanciándome todo lo posible de otros miserables con *aspiraciones ministeriales*.

Además, eso me permitió tener compatibilidad con mi actividad profesional como autónomo, a lo que no estaba dispuesto a renunciar bajo ningún concepto, y que tantas satisfacciones me está dando.

En lo que respecta al *no acuerdo* programático, esto es lógico, porque el Programa de C's fue una pantomima que habían presentado a nivel nacional, en todos los municipios cambiando el nombre, pero un poco adaptado a Linares y carente de personalidad propia.

El Programa que se iba a aplicar era, sin duda ni alternativa, el del Partido Popular, que sí tenía un buen programa.

Raúl Caro, como Alcalde, sólo podía refugiarse en el trabajo político del PP ya que él no traía ni Programa Electoral útil, ni equipo, ni estructura política; Raúl llegó a la política *con las manos en los bolsillos*, e igual sigue.

De hecho, desde hace mucho tiempo el Programa Electoral de

C's Linares está borrado de su web.

Ángeles nos dijo por teléfono, tras firmar el pacto, que nos fuésemos a la Taberna de la Abuela, que allí nos enseñaría el documento que había suscrito con Ciudadanos y CILU, «por orden directa del PP Andaluz», entregando así la Alcaldía de Linares al independiente Raúl Caro.

Yo sospechaba que, además, esto se habría aprovechado desde el PP Andaluz como *moneda de cambio*. Quizás entregamos la Alcaldía de Linares a C's a cambio de que, sepa Dios dónde, C's entregara cierta Alcaldía al PP.

A esto, lo llaman *alta política. Alta traición,* diría yo.

En la Taberna de la Abuela estábamos Enrique, José Luis, Ignacio y yo, junto a Ángeles, que venía agotada. Ángeles sacó de su bolso la documentación y la dejó sobre la mesa. Una vez más, no recuerdo si allí estaba Auxi.

José Luis cogió el documento primero, y pasó ansiosa y desidiosamente por encima de todo, dejando a un lado los compromisos suscritos, y buscando con vehemencia el *reparto de sueldos.*

Pareció darle todo igual, y que sólo quería saber cuál era el sueldo que, como afortunado representante público de nuestra ciudad, iba a cobrar.

Cuando vio la sorpresa de que iba a cobrar *poco más* de 30.000 euros brutos anuales, tiró los papeles sobre la mesa de donde los cogió, *poniendo el grito en el cielo* sin terminar de leer lo que estaba recogido en el documento en el resto de los folios, se levantó de la mesa, y se marchó decorando su actitud con aspavientos propios de un niño pequeño malcriado.

Yo, que conozco a José Luis, y que venía de escuchar sus *sueños húmedos*, no me sorprendí. Venía fantaseando con cobrar sobre 70.000 € brutos anuales (casi como el Presidente de la Diputación Provincial de Jaén), y es una persona que suele frustrarse pronto.

Igualmente, aunque muy dolidos, no se sorprendieron ni Ignacio ni la exhausta Ángeles.

Sin embargo, Enrique sí se sorprendió y, no sólo eso, sino que se enfadó bastante. No entendió esa reacción ni la falta de respeto hacia sus compañeros, y así lo hizo saber. Enrique es un hombre que suele decir siempre con bastante tino lo que piensa.

Lo cierto es que, ese día, hicimos historia poniendo fin a *40 años* de socialismo en la ciudad con más paro de España o 20 años contamos los 4 años *por medio* de gobierno del popular, y profesor, D. Juan Lillo en la década de los 90.

Entregar la Alcaldía a Raúl Caro no fue fácil de explicar después a la militancia del PP de Linares. Tampoco se les dijo claramente que Raúl amenazaba con gobernar con el PSOE, ni que finalmente llegó una orden directa desde Sevilla que obligó a hacerlo sin más margen de maniobra. Eso habría encendido a la militancia, que habría pedido responsabilidades, y con razón.

La verdad, yo sigo pensando que Ángeles (amiga de José Enrique) pudo ser, en ese momento, *moneda de cambio* para entregar alguna otra Alcaldía disputada por C's y el PP a algún *ojito derecho* de Juanma Moreno. Eso, como su excelente Secretaria que ha sido, lo sabrá Loles López, y quizás nadie más.

SOY CRÍTICO

Quiero pensar eso, que es lo menos malo; también fue posible que los que auspiciaban a todos los niveles a Raúl (y lo siguen haciendo hoy en día), tuviesen (y tengan) al Partido Popular *cogido de alguna forma por los...*

¡Anda! Visto desde esta perspectiva temporal (cuatro años después, y a las puertas de otras elecciones), *¡esta opción cobra bastante sentido!*

8 EL ALCALDE *IDIÓCRATA*: RAÚL CARO

Y así llegó Raúl Caro a ser Alcalde de Linares, recorriendo un camino tan embargado como tutelado, donde él era lo menos importante: tuvimos en Linares un Alcalde por eliminación.

Raúl es un hombre de apariencia tranquila, pero perseguido permanentemente por un estigma: su falta de formación y éxito.

Sobre él sobrevuelan permanentemente comentarios de que lleva más de 20 años siendo Gerente de la Cámara de Comercio de Linares porque el puesto se lo dejó su padre, a pesar de no tener estudios, garantizándole un porvenir.

De hecho, los que dicen conocer la historia de cerca aseveran que «su padre lo dejó ahí porque no servía para otra cosa».

Hoy en día, según comentarios cercanos a la Institución, la Cámara de Comercio exige para este cargo cierto nivel de estudios, que él no tiene. Por eso, en cierta medida se cuestionó que si cuando dejase de ser Alcalde podría volver a ocupar dicho puesto.

SOY CRÍTICO

Él defendía que tenía una excedencia, y que el nivel de estudios se exigió después de que él ocupase este cargo, por lo que no habría impedimento para que al ser cesado como Alcalde volviese a su casilla de salida en la Cámara de Comercio.

La verdad es que, tras dejar de ser Alcalde por la Moción de Censura, no ha vuelto a dejarse ver como Gerente de la Cámara de Comercio e Industria de Linares; de modo que estos comentarios cobran especial sentido.

Tiene un puesto de trabajo en ella (es evidente), y los comentarios *ahora dicen* que justificado como una especie de agente de relaciones internacionales; me extraña, la verdad, porque el inglés lo lleva aún peor que yo, *que ya es decir.*

Pero bueno, en esta historia todo es posible, e incluso eso me parece verosímil viendo que finalmente ha vuelto a buscar un sitio en política.

Raúl es una persona sin reputación conocida. De hecho, no se ha contado a la ciudad nada de él, más allá de haber sido durante más de 20 años el titular del mencionado cargo en la Cámara.

Es más: habiendo sido Alcalde de Linares, tampoco ha destacado por nada. Como bien dijo Javier Bris cuando se formó este gobierno: «*es un hombre normal*».

Ni siquiera la web del Ayuntamiento ha recogido durante su mandato una breve reseña sobre él. El currículum que conozco de él es plano, monotemático, y me parece que ha sido un secreto bien guardado.

De cualquier político es fácil encontrar, en cualquier

publicación, su fecha de nacimiento, o alguna entrevista *más personal* que política donde un periodista ayudase al ciudadano a conocer mejor al responsable de la gestión de sus impuestos.

En el caso de Raúl es prácticamente imposible conocer detalles de su *anterior vida*, más allá del recurso sobreexplotado de haber sido *el Gerente de la Cámara de Comercio en Linares*, y ya está.

A pesar de su larga estancia ocupando el sillón de la Cámara, Linares apenas lo conocía. Y hay una razón razonable: en esos más de 20 años nunca entregó un éxito destacable a esta ciudad, fuera de lo esperable por mera inercia.

Sin embargo, justo ese desconocimiento fue lo que se utilizó para poder *venderlo* ante la ciudad como la sorpresiva solución tan necesitada.

¡Qué suerte la de Linares!

La campaña electoral que prepararon para *izarlo* hasta el poder fue muy sencilla, y consistió en presentarlo ante la Sociedad Civil linarense *como si la panacea fuese*, apresuradamente, en el momento más álgido de la campaña sin tiempo para que el ciudadano (u otros partidos) pudiesen reaccionar cuestionando su perfil, trayectoria, capacidad, experiencia, opiniones, etc., ni dando tiempo a que el *boca a boca* funcionase.

Simplemente así, se *perpetró* este *fraude* electoral en torno a Raúl Caro.

El Partido Popular sí reaccionó, y pensó una serie de mensajes que se lanzarían por distintos medios de comunicación y redes sociales, dosificándolos durante el periodo de campaña electoral contando esto.

El Partido Popular podía hacerlo.

Tan pronto como Enrique vio que desde el Partido Popular se estaba preparando esta campaña que perjudicaría a su amigo Raúl, la abortó.

En primer lugar, dijo que, si hacíamos eso, que *no contásemos con él*; esto supondría un escándalo ante la Sociedad Civil antes incluso de las elecciones.

En segundo lugar, justificó que el PP estaba abocado a pactar con C's para formar gobierno, y que *sería un error enfadar a Raúl.*

Y como somos mejores personas que estrategas políticos, máxime cuando de compañeros se trata (me refiero a nuestro compañero Enrique), el Partido Popular, del cual yo era su Secretario General, anuló toda campaña que fuese dirigida contra el cabeza de lista de Ciudadanos, el independiente Raúl Caro.

Eso sí, el haber considerado esta campaña nunca me lo perdonó Raúl, a pesar de ni siquiera haberla ejecutado y, realmente, tampoco haberla ideado yo ni tenido ni siquiera preparada.

Igualmente, Enrique se arrogó el mérito de haber abortado aquello, con cierta razón, que se trataba de una colección de fotografías y mensajes que estaba preparando José Luis, y que yo me encargaría después de darle forma digital y de dosificar su difusión por redes sociales.

José Luis fue el *jefe* de campaña del Partido Popular de Linares, quien manejó mensajes, actuaciones y presupuesto (cartelería, banners, espacios, banderolas, pancartas, cuñas de radio, etc.), aunque estos *platos rotos*, concretamente, los pagué yo, guardando silencio hasta hoy para beneficio de mi partido.

Lo gracioso es que precisamente fue José Luis quien se encargó de personificar toda esta idea exclusivamente en mí (para quedar bien con Raúl) a pesar de que, lógica y precisamente, esa campaña no fue cosa mía, sino más bien de él.

Eso sí, a mí me correspondía el tema de la parte digital, como siempre, *pero a tiro hecho.*

José Luis tendría una razón para volcar toda responsabilidad en mí y descargársela él, y sería su necesidad de *llevarse bien* con el que iba a tener el bastón de mando (ya tras las elecciones), y del que dependería su sueldo.

Él sí necesitaría la política para vivir, y no se podría permitir poner en riesgo *el pan de su casa.* Gracias a Dios, el mío no dependía de eso.

En ese momento nació el *dogmatismo Caro,* que no fue más que una *variación* fantasiosa de *danza* que interpretaron ciertas *bailarinas con tutú,* sin importarles que se les viera el trasero, compitiendo por ser *la prima bailarina* de la compañía (o *camarilla*) de Raúl Caro; o sea, haciendo el *tontolaba, bailando el son* de las ocurrencias ineptas de Raúl.

De mal trigo, mal harina; de mal harina, mal pan.

Por su parte, Raúl llegó a la Alcaldía *delirando* que iba a tener la oportunidad de *hacer el petate* y salir *por el mundo* para conquistar empresas y traerlas a Linares.

Sin embargo, cuando llegó a la Alcaldía se encontró un Ayuntamiento que *hacía aguas* por todos sitios y que requería un Alcalde que se dedicase a gestionar *la casa de todos,* con sus problemas internos, su día a día y, en definitiva, la necesidad de toma de decisiones y el trabajo normal de una Administración Local que gestiona una gran ciudad como Linares.

Justo esto es lo que acaparó casi que el 100% de su tiempo al principio como Alcalde, anulando de un plumazo sus entelequias, incluida su pretensión de organizarlo todo utilizando el *software* *TRELLO*.

Sí, *TRELLO*. ¿Qué se pensaría Raúl que era un Ayuntamiento para pretender semejante disparate?

Pues nada, todos sus concejales nos tuvimos que crear una cuenta en *TRELLO*, para nada, pero por orden del mismísimo Alcalde.

Para quien no sepa lo que es *TRELLO*, es un programa de ordenador por internet, gratuito y simplista, en el que hay una especie de pizarra donde se pueden pegar *post-it* virtuales (llamado *kanban*) en distintas columnas, con comentarios, fotografías, enlaces, etc., y con el que se pueden organizar cosas sencillas entre varias personas *on line.*

Para cosas más complejas, y máxime cuando se trata de la singularidad de un Ayuntamiento (sometido a la Ley Reguladora de las Bases del Régimen Local, o a la Ley de Procedimiento Administrativo Común, entre otras), hay que utilizar herramientas más específicas y caras, naturalmente.

Quien supiese un poco del tema vería, como yo vi, que aquello era un síntoma de inexperiencia, de mediocridad, y de que Raúl no sabía ni dónde estaba.

Él mismo reconoció en distintos foros, y ante mí mismo, que *ser Alcalde no era lo que se esperaba.* Él no había venido aquí pensando ser *el jefe* de un Ayuntamiento (con cientos de empleados); él había venido para hacer de *marchante* empresarial de Linares.

Se sorprendió, por ejemplo, al conocer el tejido asociativo de Linares, que tiene una gran cantidad de Asociaciones (vecinales, culturales, deportivas, sociales, etc.) muy activas y reivindicativas, que él ni conocía.

¿Dónde habías estado *escondido* antes, Raúl?

Lo más pernicioso de todo esto es que Raúl venía de ser el Gerente, durante unas dos décadas, de la Cámara de Comercio e Industria de Linares donde podría, además de haberse preocupado por conocer a Linares y su asociacionismo, haber hecho eso que pretendía (traer empresas) ya que disponía de un cuantioso presupuesto, autonomía, y mucha capacidad de relación con el tejido industrial nacional desde una posición incluso más ventajosa que como Alcalde.

Era tan sencillo como que se hubiese aplicado al 100% en eso, formarse y aprender durante 20 años aprovechando la oportunidad que tenía y los muchos medios de los que dispone la Cámara (sobre todo económicos), para *doblarse el lomo*, y trabajar para conocer el entorno administrativo, político, económico y social del que forma parte la ciudad, pensando entonces cómo mejorarlo, sobreponerse a él, y atraer empresas a Linares que puedan aprovechar ese trabajo previo.

La Cámara goza de una independencia y ligereza para actuar, que un Ayuntamiento no tiene dada su fiscalización. Además, en el caso de la Cámara de Linares, tiene una buena cantidad de personas muy resolutivas y diligentes que, cuando se ponen a trabajar, sacan cosas adelante con soltura.

SOY CRÍTICO

Desde luego, si Raúl no había hecho eso en esos 20 años ocupando un alto y cómodo cargo de la Cámara de Comercio, no se podía esperar nada mejor de él ocupando la estresante Alcaldía de la ciudad.

Su estancia en la Cámara, gestionando año tras año un presupuesto que justificar con cursos, campañas y otras acciones, explica la forma de pensar que he conocido de él, simplista y de poco empaque, además para nada acostumbrado a que nadie lo cuestione.

En primer lugar, porque dentro de la Cámara debía ser *el gallo del corral*, y no habría *gallina* que le *soplara en la oreja*, sino todo lo contrario.

Y segundo, porque permanecería siempre escondido y al margen de la opinión pública. La Cámara de Comercio, a pesar de lo que se espera de ella, es una institución acorazada, útil como refugio de personas como él, *elitista sin causa*.

Al salir de la Cámara para ocupar la Alcaldía ya sí se habló de Raúl, cuestionándolo en exceso a mi entender, incluso hablando del posible *enchufismo* existente dentro de ella.

Yo no he indagado estos extremos, pero haciéndolo quizás se podría definir su eventual entramado social al más puro estilo *chiringuito socialista* que, en tal caso, supondría ser *la camarilla* de Raúl Caro.

Pero, ahora, pongámonos en el lugar de Raúl, y hagamos un esfuerzo para empatizar con él y comprenderlo.

Raúl es un hombre al que yo le he notado que ha llevado una vida cómoda. El sustento económico, que es la principal y común preocupación que todos tenemos en nuestra vida, él lo ha debido tener fácil.

¿Qué necesidad había de salir de esa zona de confort, y exponerse de esta forma?

Pero creo que Raúl sabe bien cómo aprovechar las coyunturas que se le presentan, sin reparos y con ínfulas, y está acostumbrado a manejarse con el síndrome del impostor.

Su trayectoria en la Cámara le ha dado un innegable conocimiento acerca de las *cloacas de lo público*, y sobre cómo éstas funcionan (para bien, o para mal), pero en la justa medida que necesitaba.

También, gracias a este cargo, habría adquirido ciertas cualidades para tener relaciones sociales y políticas, así como algunas nociones sobre comunicación institucional. Todo esto a un nivel muy elemental, pero que explicaría su cómodo comportamiento de político *de barra de bar*.

La verdad es que la política parece fácil. Incluso invita a pensar que las cosas que pasan en política (que en su mayoría son lamentables), son porque todos los políticos son imbéciles, convenidos y malas personas.

En política hay muchas y muy buenas personas, pero son siempre *cuatro* necios interesados los que arruinan *la función*, aprovechándose de la bondad, buena voluntad y confianza del conjunto del colectivo (máxime a nivel municipal).

Acompañando su imagen de hombre apuesto, Raúl Caro se devasta con ciertos detalles que denotan su falta de *base*, normalmente traicionado por la comunicación no verbal que arruina todo lo que hay tras su petulancia.

Sus gestos rara vez acompañan lo que dice, y siempre pone de perfil e inclinada su cabeza, incluso en las ruedas de prensa. *¿Cómo puede ser tan torpe?*

Bueno, simplemente es enormemente introvertido, ha sobredesarrollado esa forma de comunicarse, y no ha recibido formación correctora en este sentido. Raúl se muestra tal y como es.

Fíjese el lector (recurriendo a vídeos de YOUTUBE, por ejemplo) como, mientras habla en público, los gestos de su cabeza más bien parecen *cornadas* hacia ambos lados, acompañadas de gestos negativos reiterados, hasta incluso cuando está *presentando* cosas que defiende que son buenas para la ciudad.

Un auténtico espectáculo comunicativo.

Mientras habla, con sus gestos, se entiende que exhibe sus pensamientos internos que, tras horas y horas de *rumiado*, para él, explicarían la realidad del mundo interior en el que vive malogrado.

De ahí vendrían sus permanentes *cornadas*, a la vez que responde permanentemente corrigiendo (en exceso a mi entender) a su interlocutor o entrevistador.

Para ser su amigo, y llevarse bien con él, creo que no hay más que participar en su *quijotesco mundo interior;* esto lo hace muy bien, y con mucho cariño, su amigo Enrique; claro, éste es *más listo que el hambre.* De hecho, alguna vez le he escuchado decir que *a Raúl hay que saber entenderlo.*

Y digo yo, ¿qué necesidad hay de entender a semejante *indocumentado político?*

SOY CRÍTICO

Raúl no contenta nunca a su interlocutor dándole retroalimentación, ni mira a los ojos, y mueve los pies y las manos todo el rato incluso sujetándoselas, exhibiendo su incomodidad esté con quien esté, transmitiendo (imagino que sin querer) que le apetece irse.

En el caso de las manos, llega a esconderlas tras su iPad sin darse cuenta de que, a veces, incluso con su pantalla apagada o no habiendo nada útil en él para la ocasión.

Pocas veces he visto a Raúl desprevenido, y siempre me da la sensación de que está en *posición de defensa* (incluso con su forma de responder a todo), aunque me llevo conmigo la satisfacción de que, a última hora de nuestro breve mandato, la verdad, conmigo creo que ha sido sincero y he conocido un Raúl *auténtico,* sin esconder gran cosa ante mí y que, además, al menos ha dejado de mover sus pies golpeando el suelo en nuestros encuentros.

Raúl, en mi opinión, es una buena persona, con defectos como cualquier otra. Quizás ha conseguido engañarme, aunque no quiero pensar eso; prefiero quedarme con la otra opción, lo que implicaría que ha entendido (aunque tarde) que yo no pretendí ser una amenaza para él, sino todo lo contrario; *eso sí, el tutú lo dejé para otros.*

Raúl, al igual que un niño consentido, creo que tiene un concepto de sí mismo muy idolatrado, con un ego sobredimensionado.

Ciertamente es una persona avispada, que se lee todo lo que pasa por su mano (otra cosa es lo que entiende), pero que sigue sin dedicar tiempo a formarse, confiando todo en su inteligencia normal y en el arqueo de estrategia; pero esto, querido lector, solo sirve cuando uno es una eminencia, y creo que no es su caso.

SOY CRÍTICO

Sin estar preparado para ello, y sin tan siquiera haber sido previamente un mero Concejal de oposición viviendo un periodo que le diese el más mínimo conocimiento acerca de las *tripas* de nuestro Ayuntamiento y cómo funciona, fue investido Alcalde.

La verdad es que es para compadecerse de él, y yo humanamente lo hago sin perjuicio de todo lo anterior.

Total, fue cura sin estudios, y sin ser previamente monaguillo.

Pero no estaba solo, tenía compañeros que le pudimos ayudar mucho, y de hecho lo hicimos en la medida en que se dejó. Algunos, por su experiencia política. Otros, por su experiencia jurídica. Otros, por nuestra experiencia social, profesional o empresarial.

Pero siempre he tenido la sensación de que él nunca confió en nadie. Al fin y al cabo, todos de una forma u otra le han traicionado.

Si escribir esto sobre él lo considera una traición, pues también se sentirá traicionado por mí. Lo cierto es que, de Raúl, poco malo tengo que decir, más allá de su actitud política, que nunca he defendido por razones obvias. Si lo veo, siempre le doy un abrazo. Le tengo mucho aprecio.

Expuesto Raúl ante la Sociedad Civil linarense, ilusionada y esperando grandes cosas de él, tuvo que comenzar *su gran actuación*, poniéndose las pilas para que el Ayuntamiento funcionase y conseguir éxitos, por pocos que fuesen, ya que las expectativas que se habían generado en torno a él eran demasiado altas y no se podía permitir desengañar a Linares, ni deslucir su apellido.

Ni hablar de si, realmente, tenía necesidad de continuar en el cargo. Tendría entonces que justificar su trabajo durante este mandato municipal para presentarse con garantías a la reelección.

Desde este momento Raúl pudo tener una motivación personal para, si no conseguía éxito alguno, fabricarlo llegado el momento.

9 PRIMER AÑO DE MANDATO MUNICIPAL

Suscrito el acuerdo de gobierno, cada Concejal comenzó su trabajo en sus áreas como buenamente pudo, pero Raúl apenas conocía a su equipo. En su propia Lista Electoral (la de Ciudadanos) había personas que no conocía. Solo venía acompañado de Noelia, a quien conocía por su confluencia en la Cámara y a quien dio la cartera más importante del Ayuntamiento: Economía, Hacienda y Desarrollo Económico.

Con los Concejales populares pasó igual. A mí, por ejemplo, no me conocía. A José Luis tampoco y, aun no sé por qué, algo pasó que al principio *no se tragaban*. Su relación mejoró con el tiempo, yo creo que gracias al *suculento tutú* de José Luis.

Sin embargo, sí conocía a Ángeles (por su relación en la Cámara, ella como empresaria), a Auxi (por cuestiones personales) y a Enrique, al ser íntimos amigos.

Respecto de CILU, igualmente, apenas se conocían.

Javier Bris (líder de CILU) comenzó el mandato siendo

Segundo Teniente de Alcalde, Concejal de Interior (ni más ni menos) y de Función Pública (lo que antes era la Concejalía de Personal).

Javier Bris es hijo de un anterior Secretario General del Ayuntamiento (el funcionario de más alto cargo), por lo que no traía mala formación en materia de administración y de gestión municipal, sino todo lo contrario; Javi es un fenómeno, aunque no siempre para bien, la verdad.

Igualmente, Javier Bris había acompañado en la legislatura anterior a Juan Fernández (Exalcalde socialista) como Concejal en la oposición, e incluso gobernó con él en su último tiempo de mandato cuando fue expulsado del PSOE y sus Concejales renunciaron en bloque a sus delegaciones.

En suma, Javier Bris conocía mucho mejor la Administración Local que Raúl Caro, y con una base de conocimiento amplia y envidiable.

Mientras Raúl seguía sin saber ni dónde estaba, Javier Bris hacía y deshacía a su antojo, con mucha idea, ocupando el terreno que Raúl *vagueaba*.

Bris, además de muy inteligente, es muy buen estratega. Raúl le confió la mayoría de la gestión administrativa intentando desprenderse de ella, sobre todo en el día a día, mientras intentaba salir a recorrer el mundo y explotar sus contactos para traer alguna empresa a Linares; que era, al fin y al cabo, lo que había prometido.

Sin embargo, cuanto más se alejaba Raúl de Linares, más se le requería en el Ayuntamiento. Y es que Javier Bris, además de hacer lo que le daba la real gana, también perpetraba asuntos que más bien parecían estar relacionados con *justicias personales* de él, o de sus familiares, dentro del Ayuntamiento.

Pero eso es harina de otro costal.

Raúl no se daba cuenta de casi nada, y Javier Bris tenía excusa fácil para todo. Mientras tanto, ambos en connivencia, sí coincidían en apartar y dejar al margen de cualquier decisión, trascendencia o repercusión política a Ángeles Isac (del PP, la líder que más votos tenía de todos ellos) y, con ello, ambos traicionaron sistemática y gravemente el pacto suscrito con el Partido Popular.

Pedro Cintero y Rafael Funes (ambos Concejales de C's) también fueron víctimas del *caciquismo político* de Javier Bris y Raúl Caro.

Pedro ha sido Concejal de deportes, y Coordinador Local de Ciudadanos en Linares. Él no aceptó que su partido, desde Jaén, impusiese a Raúl como candidato a la Alcaldía, ya que pensaba que el puesto le correspondía como Coordinador Local. Eso tensaba sus relaciones, mientras Raúl ejercía autoridad como Alcalde sobre él, y le privaba de recursos para sus áreas.

Por su parte, Rafael Funes ha sido Coordinador de Política Municipal de C's en Linares, pero también Concejal de Educación y Espacios Escénicos durante nuestro mandato y, para ninguna de estas áreas, tenía personal ni presupuesto.

¿Cómo se puede ser Concejal de un área que, en realidad, más bien no existe? Pues bien, eso fue lo que Raúl, entre otras cosas, hizo con el bueno de Rafa.

Esta situación la sobrellevó Rafa con mucha discreción y lealtad institucional, implorándole con servilismo y *derrochando* educación (menudo señor está hecho Rafa) al Alcalde de su lista (Raúl Caro) que, al menos, le pusiese un administrativo para poder sacar adelante cosas necesarias, sobre todo las importantes (las necesidades de colegios, por ejemplo). Pero cuanto más pedía, menos recibía.

Rafael Funes es, probablemente, la mejor persona que me he encontrado en este mandato, pero carece de fuerza política. Como él, todos eran buenas personas, actuaban de buena fe, y que estábamos ahí para hacer lo mejor por la ciudad, confiados en que dejaríamos a un lado nuestros intereses personales o partidistas; pero se equivocó, y así se le pasó el tren.

Sufrió las consecuencias del *mal hacer* de sus compañeros, que para nada pensaron en él y que incluso se mofaron sin que *el bueno de Rafa* se diese cuenta. Bueno, sí se ha dado cuenta, pero tarde.

Cuando tomó conciencia de lo que le estaba ocurriendo (insisto, tardó en hacerlo) elevó la voz y lo dijo, quejándose contundentemente; pero claro, fue juzgado entonces por elevar la voz, y acusado de ser díscolo.

Otro clásico de la política: pínchalo hasta que salte y, cuando salte, lo tildas de «crítico» por saltar.

Yo estaba en una situación similar: además de Concejal de Protección Civil y Emergencias, también lo era (por petición mía) de Tráfico e Industria. Estas dos últimas, anuladas plenamente por Raúl, encargándose él directamente de las relaciones con las empresas de Linares (Industria) como si yo no existiese y, en el caso del área de Tráfico, lo dejó incorporado dentro de la Policía Local, que dependía de Javier Bris (Interior), sin darme ninguna herramienta de gobierno.

SOY CRÍTICO

Casi todo lo despachaban y firmaban entre Raúl Caro y Javier Bris, contraviniendo nuestro pacto de gobierno y, además, el mismísimo Decreto de Delegaciones de funciones que Javier Bris esbozó y Raúl firmó para formar gobierno.

Los vecinos (y empresarios) de Linares registraban instancias dirigidas a mis áreas, y estas no me llegaban. Eran *interceptadas,* imagino que por Javier Bris o Raúl Caro, vulnerando algo sagrado como la libre disposición del Registro Electrónico del Ayuntamiento.

Preparé un documento con más de 10 páginas de expedientes a los que, de una forma u otra, yo tenía negado su acceso (dentro del programa *Gestiona*, que es el programa informático dentro del cual se tramitan los expedientes administrativos del Ayuntamiento), o en los que otros Concejales habían firmado resoluciones de mi competencia, y que yo había descubierto indagando por los despachos, pidiendo favores, para intentar demostrar que *me la estaban jugando.*

Ingenuo de mí, que pensaba que alguien juzgaría la verdad; para empezar, porque algunos de esos expedientes con competencias de mis áreas fueron firmados por mis compañeros (José Luis o, incluso, Enrique).

Busqué el apoyo de mis compañeros de Grupo Municipal (los del Partido Popular) pero no lo encontré, evidentemente, ya que ellos mismos estaban participando en estas *jugarretas.*

Es más, cuando saqué los pies un poco del plato al renegar de esto, me acusaron de ir *en contra* del equipo de gobierno, y pidieron mi dimisión. Fue una de las *funciones interpretadas por los del tutú.*

Se reunieron un día todos mis compañeros de grupo a mi

espalda, una vez más, para *tratar mi asunto* junto con Raúl Caro.

¿Se puede ser más torpes, convenidos y cobardes?

Fue porque ocurrió algo muy divertido; lo cuento:

Había que renovar (como cada año) el seguro de accidentes de la Agrupación de Voluntarios de Protección Civil. Resultó que, Javier Bris, en una de esas resoluciones de Alcaldía que firmó (sustituyendo al Alcalde), le *quitó* la jefatura de Protección Civil (que era competencia mía) a la Policía Local (su área *sagrada*) y se la asignó a Bomberos (mi otra área). Así, ya no tendría yo nada que ver con Policía Local, que era lo que él quería.

Pero claro, en el Parque de Bomberos no había ninguna unidad administrativa para gestionar lo propio del Parque, y ni mucho menos que gestionase las necesidades de Protección Civil; ahora, gracias a Dios, a Jesús Padilla (jefe del Parque de Bomberos), y a mí, sí la hay, aunque pende de un hilo.

Por otro lado, la contratación de cualquier cosa en realidad se hace desde el área de contratación, máxime tratándose de *asuntos de seguros* y, para muestra de ello, la evidencia de que año tras año se hacía, y se hace, desde esa Concejalía casi que automáticamente.

Concejalía que dependía de nuevo de José Luis Roldán, mi querido compañero y *prima bailarina* de la *camarilla Caro*.

José Luis, en su biografía, recogía lo siguiente: *Oficial de Logística y Autónomo en el sector "de los" seguros;* en mi opinión, esto es un agravio para los autónomos de verdad, y especialmente para los profesionales del sector asegurador.

Oficial de logística puede ser, en realidad, *carretillero.*

SOY CRÍTICO

Bueno, a lo que iba, tratándose de cosas de seguros José Luis evidenció su falta de formación al respecto, a pesar de lo *grandilocuente* de su biografía.

Así las cosas, se pasaron los meses y la póliza de los voluntarios de Protección Civil no se renovó, hasta que incluso venció, y se quedaron los voluntarios sin seguro y sin poder hacer servicios a la ciudadanía.

La agrupación de voluntarios lanzó un comunicado explicando por qué dejaban de hacer servicios, y eso se consideró *en contra* de la Concejalía de Contratación, por lo que José Luis se sintió muy agraviado, tildándolos de *rojos*.

Los voluntarios tenían más razón que un santo, y sólo estaban pagando las consecuencias de tener un Concejal delegado ninguneado (que era yo) por sus compañeros, y del que aprovechaban cualquier dependencia para dejarlo *con el culo al aire*.

Claro está, hay voluntarios en la Agrupación que llevan más de 20 años prestando sus servicios, saben muy bien cómo funciona el Ayuntamiento, y de quién es la competencia para cada cosa. Por eso, cargaron contra la Concejalía de Contratación, y no contra mí.

Yo le había pedido, recordado y vuelto a recordar a José Luis, con mucha antelación e insistencia, que no olvidara renovar esa póliza, habida cuenta de que el Parque de Bomberos no tenía Unidad Administrativa para abrir el Expediente Administrativo.

Tampoco tendría que hacerlo; se podría abrir directamente desde Contratación, máxime siendo algo que se hace anualmente, pudiendo pedir los informes preceptivos a los encargados de hacerlos y ya está. Cualquier forma sería buena, siempre y cuando se adapte a las necesidades puntuales de cada servicio.

José Luis me dijo en varias ocasiones que así lo haría, pero realmente me engañó.

Su intención, para mí, fue evidente: trató torpemente de generarme un problema en mi área de Protección Civil, pero, como Dios existe y los voluntarios y funcionarios lo vieron claro, el problema se volvió en su contra.

Recuerdo unas palabras de Enrique, en respuesta a que les dije a mis compañeros Concejales que *me parecía normal lo que los voluntarios de Protección Civil habían hecho* (enviar un comunicado), y que, en mi opinión, llevaban razón; Enrique me dijo: *a ver si es que yo soy imbécil y no me he enterado de algo, ¿estás dando la razón a quien han mandado un comunicado en contra de nuestro gobierno?*

Una pregunta capciosa, pero sí, querido Enrique, nos mandaron un comunicado en nuestra contra, y con razón, pero el imbécil no eras tú.

La póliza se renovó *de urgencia*, y ahora sí, se lanzó un comunicado desde el Ayuntamiento anunciándolo a bombo y platillo como si un éxito fuese. *¡Vaya éxito!*

Posteriormente en una Comisión de Emergencias (yo como Presidente), Juan Fernández (Exalcalde, pero ya como Portavoz de su nuevo partido, Linares Primero) me preguntó que qué había pasado con este asunto.

Imaginaos mi cara, telemáticamente (ya en pandemia), cuando el que había sido Alcalde 20 años, y que había suscrito la renovación de esta póliza unas 20 veces, me preguntaba por qué la primera vez que mi gobierno tenía que renovarla, no se había hecho.

Yo, en lugar de dar pie a un debate en el que tenía todas las de perder, dije algo así: *«había habido una falta de coordinación, y que no volvería a pasar»*. Con eso, el asunto se zanjó.

Pero José Luis Roldán lo escuchó, ya que estaba presente, y se apresuró *con su tutú* al despacho del Alcalde a contarle que yo había dicho algo, (que aún no sé lo que es, porque le contó cualquier cosa menos la verdad), y que provocó esa reunión urgente (sin mí) para *tratar mi asunto*, que condujo a que todos mis compañeros me pidieran dimitir.

Como se había quedado *con su tutú y el trasero al aire* en su intento de meterme en un lío con el asunto del seguro de los voluntarios, lo siguiente fue reintentar salirse con la suya y arremeter de nuevo contra mí, esta vez recurriendo *danzadoramente* a la mentira, y pondría en mí palabras que yo nunca había dicho.

Yo siempre defendí la verdad: dijesen lo que dijesen de mí, solo había dicho en esa Comisión Informativa que aquello fue *«por una falta de coordinación»*, sin dar más explicaciones evitando dejar en mal lugar a mis compañeros. Esos *compañeros* que estaban por detrás de mí calumniándome, mintiendo, malmetiendo y pidiendo mi cabeza.

Dicho sea de paso, desde luego que no fue lo que me apetecía hacer por respeto a la Agrupación de Voluntarios, al Ayuntamiento, y a mi ciudad. Pero claro, eso también supondría dañar las siglas del Partido Popular que realmente eran lo mejor para Linares y, por eso, no lo hice.

Así que, cuando me llamaron para pedirme formalmente que dimitiese, dije que aquello de lo que me acusaban era mentira, y que quedaba de manifiesto porque no eran capaces ni de concretar qué había dicho yo *tan malo* (de verdad, *qué torpes*), y que no pensaba dimitir.

Como al fin y al cabo quien estaba pidiendo mi dimisión ante mis compañeros del PP (y a su vez, ellos a mi) era Raúl Caro (que había sido burda, pero felizmente, engañado), les propuse un trato:

Que escucháramos la grabación de esa comisión donde supuestamente yo había dicho una cosa tan mala como para tener que dimitir (previamente me aseguré de que esa grabación existía) y:

- Si yo había dicho algo *tan malo* como apuntaban, yo dimitiría inmediatamente, que era lo que me estaban pidiendo, pero,

- Si todo estaba basado en una mentira, que dimitiese Raúl Caro (quien, aunque engañado, estaba pidiendo mi dimisión). Si no quería dimitir, que Raúl esclareciera quién *de entre sus bailarinas* lo había engañado liderando esta patética función de *ballet*, pidiéndole entonces la dimisión a esa persona, esta vez fundadamente y con pruebas.

Evidentemente el trato no se aceptó, porque ninguno de los que estaban allí quisieron correr este riesgo, ni mucho menos aquel que sabía que todo estaba basado en una mentira suya.

Más tarde Raúl sí me prometió (en privado) que escucharíamos juntos esa grabación, para que yo pudiese demostrarle que todo estaba basado en una mentira.

Nunca me puso la grabación sobre la mesa, lo que me hace

pensar que él sí la escuchó (de hecho, tengo la confidencia de un funcionario que me confirmó que Raúl había cogido la grabación).

Así, Raúl debió de darse cuenta de que José Luis Roldán lo había engañado con la única intención posible: ponerlo en contra mía y que, como Alcalde, pidiese mi dimisión, *dejándolo a los pies de los caballos.*

Entre todo lo anterior, y unos días antes de todo esto, Enrique ya me dijo (caminando por la calle Nueva, en sentido ascendente) que en su opinión yo debería dimitir porque no estaba cumpliendo con mi trabajo.

Yo le dije insolentemente que, claro, difícilmente podía cumplir con mis obligaciones con el trato que estaba recibiendo por parte del Alcalde, que me tenía sin presupuesto, sin personal, excluido de expedientes del *Gestiona* y que, hasta incluso, ¡los ciudadanos presentaban escritos dirigidos a mí y no me llegaban! ¿Cómo iba a cumplir así? ¡Demasiado hacía!

Está claro que Enrique ya participaba en esta *variación* para conseguir mi dimisión, y probó suerte, dejándomelo caer; al menos, él, vino de frente.

Más tarde estos dos (José Luis y Enrique) terminaron *como el Rosario de la Aurora* por circunstancias similares y entre ellos, pero bueno, ahora han recuperado su relación de conveniencia: aquello de que *los enemigos de mis enemigos son mis amigos.*

Sí tengo que decir que, desde entonces y salvo alguna excepción que entra dentro de lo normal, mi relación con Enrique ha sido buena, y me ha tratado (y me trata) muy bien.

¡Qué poco tardaron en aprovechar la primera ocasión que

tuvieron para intentar quitarse del medio al nº 2 del Partido Popular de Linares!

Sigo pensando que el *objetivo a abatir* no era yo, sino la nº 1, Ángeles Isac; empezar por mí era un primer paso, ya que Ángeles y yo hemos sido como *uno solo*, plenamente unidos, tal y como era mi deber, primero como Secretario General y, después, como Concejal siendo ella la Portavoz Municipal.

Pero únicamente no fue lo anterior, y es que incluso un día aparecieron unos operarios (de Obras y Servicios, la otra concejalía de José Luis) y me colocaron una señal de *prohibido parar y estacionar* en mi calle, cosa que me ocasionó muchos problemas con mis vecinos. Vamos, en la puerta de mi casa, pero afectando a ambos lados y a todo lo largo de la calle. Mi calle es de un solo sentido, en la que se puede aparcar a ambos lados desde siempre, y no sólo en la mía, sino en todas las del barrio.

Y aquí teníais a este Concejal de tráfico *de paja* (sin personal, ni presupuesto, ni firma; vamos, *un monigote*), dando explicaciones a sus vecinos de que él no había hecho semejante estupidez, y que todo se trataría de un acoso político de sus propios compañeros.

Como es lógico, esas señales de *prohibido parar y estacionar* fueron quitadas de mi calle un mes después de colocarlas, pero todavía no he conseguido ver quién firmó esa orden, porque entre los anteriores se han ido tapando.

Raúl, que como Alcalde tenía acceso a todo, nunca me la quiso enseñar, ni confirmarme, si existía resolución para eso o no.

Lo que está claro es que esa eventual resolución, en teoría, debería basarse en un informe de unos técnicos municipales (Policía Local), firmada por Raúl o Javier Bris.

Sin embargo, la colocación, sí o sí, fue ejecutada por Obras y Servicios a cargo de José Luis Roldán, respaldada o no de dicha resolución, y éste conoce perfectamente cuál es mi calle.

Estoy casi convencido que esto fue cosa de José Luis exclusivamente, sin tener ninguna resolución de Bris, ni mucho menos de Raúl ya que, mientras colocaban la señales, los propios operarios del Ayuntamiento me dijeron que no tenía parte de trabajo, pero que se trataba de una orden directa de *reponer* las señales.

¿Reponer?, pensé yo, ¡si no hay, ni ha habido, una *puñetera* señal como ésta en todo el barrio! ¡Son señales absurdas en un barrio de viviendas adosadas y calles anchas!

Después, un confidente me dijo que la orden la había dado *el carretillero*, directamente. Tengo que aclarar que en Obras y Servicios a José Luis lo apodaron *el carretillero;* aunque también como *el tonto del lápiz* por una de sus burdas iniciativas, aunque haciendo alusión realmente a su comportamiento.

Mis compañeros no me atendían ante semejante atropello, y no recibía explicación ni solución alguna por su parte, mientras las semanas se pasaban angustiosamente y mis vecinos tenían que aparcar en otras calles; es más, ni siquiera podían parar para dejar la compra en sus casas porque la señalética prohibía incluso la parada (la señal de prohibición era de doble aspa).

Pero bueno, mis vecinos me entendieron. Ellos saben que yo nunca haría semejante tontería, evidentemente porque el primer perjudicado sería yo, y aguantaron el chaparrón como campeones.

Estas circunstancias, a las que me sobrepuse (junto a otras que no cuento por no aburrir) llevándolas con calma, atesorando honra, y empeñando mi honor, me hicieron mejorar mi situación política.

En realidad, el problema lo tenían entre ellos. Era cuestión de tiempo, *paciencia, y saliva.*

10 SEGUNDO AÑO DE MANDATO MUNICIPAL

Este periodo se corresponde con el año 2020 aunque, realmente, está comprendido entre mayo del 2020 y mayo del 2021.

Tras un año de mandato, en cierta medida, ya estaban las *cartas* y pretensiones de cada Concejal estabilizadas. Cada uno de los 13 que conformábamos el gobierno, con nuestros más y nuestros menos, estábamos ubicados en nuestro sitio y trabajando como buenamente podíamos.

El Ayuntamiento está formado por un conjunto de áreas aisladas, como *mi Parque de Bomberos*, y otras que son transversales como Economía y Hacienda, Contratación o Función Pública (personal).

Cada área del Ayuntamiento depende, a su vez, de aquellas transversales porque todas manejan un presupuesto, contratos o funcionaros.

- En el caso de Economía y Hacienda, el área dependía de Noelia Justicia (C's).

- En el caso de Contratación, ésta dependía de José Luis (PP), y

- En el caso de Función Pública (Personal), ésta dependía de Javier Bris (CILU).

A su vez, todas las anteriores eran supervisadas (como no

podía ser de otra manera) por el Alcalde, Raúl Caro (independiente, pero por C's).

El resto de los Concejales, para su día a día y su actividad política (más allá de la gestión administrativa de cada área, donde no cabe decisión política o directriz alguna), dependen al 100% y solidariamente del correcto funcionamiento, la buena voluntad política, recursos, empatía y atención de las mencionadas áreas transversales.

Como verá el lector, he pasado por alto el asunto de la pandemia, que no estuvo libre al 100% de *mamoneo* político *de puertas para adentro*, aunque hicimos un trabajo fantástico y eso fue lo realmente importante.

Sin embargo, no quiero pasar por alto algo que, nuestro Alcalde, Raúl Caro, llegó a hacer.

Resulta que encargó la manipulación digital de una fotografía en la que yo aparecía acompañado de los voluntarios de Protección Civil (yo era su Concejal) con motivo del reparto de mascarillas durante el confinamiento, al objeto de borrarme de ella impidiendo mi visibilidad en los medios de comunicación.

La excusa me la dio él mismo. Yo no soy de los que *se van por las ramas*, ni ando por detrás, y pregunto siempre directamente; me dijo que «ningún Concejal estaba saliendo en fotos, y yo no iba a ser menos».

Pero, en realidad y, por ejemplo, tanto Noelia Justicia (C's), como Mayte López (C's) o Auxi del Olmo (PP) sí estuvieron saliendo en fotos con el asunto de la fabricación artesanal de mascarillas; y José

Luis Roldán (PP) con la desinfección de colegios también salió en prensa, asunto por cierto que trajo cola por la acusación de unas supuestas *colocaciones* de amigotes por su parte.

Esto, que consistió sencillamente en borrarme de una *retratadura*, (cosa que todo el mundo vio puesto que la fotografía original -sin manipular- anduvo por las redes sociales), en realidad sirvió para *retratar a un 'cara dura'*.

Pasado lo peor de la pandemia, que no viene al caso recordar, este segundo año de mandato comenzó, como en Linares no puede ser de otra manera (ironía), con la noticia de que volvíamos a ser la ciudad con más paro de España: ese abril, además, registró 122 parados más.

Claro, entonces el PSOE dijo que dónde están las empresas que iba a traer Raúl Caro, pero obviando la pandemia y tras sólo un año de mandato transcurrido. *¡Hay que fastidiarse!*

Mientras tanto, Raúl Caro y Noelia Justicia (Alcalde, y Concejal de Desarrollo Económico), se paseaban por aquellas *empresas amigas* que, con el *apoyo* (digamos posibles *subvenciones* u otros recursos), comenzaban su andadura en Linares. La foto del nuevo Alcalde, y su *delfín* creando empleo, era muy importante. Tan importante, como engañosa.

Fue el caso, por ejemplo, de "etropoS", empresa de Fernando Martínez, que también concurría en la lista de ciudadanos y que, con el apoyo de la Cámara de Comercio de Linares, e iniciando su andadura implantada en las instalaciones del Campus Tecnológico de Linares, se iniciaba para formar a sus eventuales trabajadores, anunciado esto como una buena noticia de *empleo para Linares*.

SOY CRÍTICO

Lo cierto es que, mientras tanto, la ciudad ganaba 122 parados más.

Poco después Raúl Caro presentó, él solito, su *gran* plan *REACTIVA LINARES* que, según él, incluía 20 iniciativas para paliar los efectos de la pandemia.

Al margen de la efectividad de dicho plan, Raúl se encargó de venderlo como un proyecto personal suyo donde sólo tuvo cabida testimonialmente su *delfín* (Noelia Justicia) en lo que respecta al plan *SOS autónomos*, y su amigo Enrique para el asunto del *Marketplace "dTiendas"*.

Hasta aquí, la cosa parece que no tiene importancia. Pero voy a entrar en detalle y, sobre todo, en contexto político.

El pacto de gobierno se firmó con la condición de que, para todos los asuntos de calado que se llevaran a cabo en la ciudad de Linares, hubiera consenso con el Partido Popular, quien había puesto a disposición de este pacto la mayoría de los votos, credibilidad y su programa electoral.

Para lo anterior se designó a Ángeles Isac (entonces Presidenta y Portavoz del PP) también como Portavoz del Ayuntamiento con la intención de que todo mensaje que *se lanzase* estuviese controlado por quien *más carne había puesto en el asador*: el PP.

El mandato ya comenzó mal, pero fue en este punto cuando se hizo evidente que el Alcalde, Raúl Caro, estaba *bailando sólo* a su antojo, sin respetar el pacto de gobierno.

Este, fue uno de los ejemplos más evidentes, pero hubo muchos más.

SOY CRÍTICO

La *patraña* deliberada por Raúl fue bien sencilla: anular a la nº 1 del Partido Popular quien, además, tenía capacidad para ganar convicción y liderazgo político (algo de lo que carecía Raúl, igualmente viniendo de ser un candidato independiente). Pero para ello debía tener, al menos, el consentimiento del resto de Concejales del PP, o una mayoría de estos.

Ahí llegó el otro clásico de la política: *divide y vencerás*.

Raúl contaba, desde antes incluso de toda esta historia, con la complicidad de Enrique. La de José Luis, *con su tutú*, fue barata y, la de Auxi, ni la tuvo ni dejó de tener. Con la complicidad que no contó para esto, y ni lo intentó, fue con la mía.

Tanto José Luis (por sus aires de grandeza), como Enrique (por su eventual sed de poder), como Auxi (por su rivalidad esquiva con Ángeles), estuvieron interesados en *anular políticamente* a Ángeles.

Total, gracias a eso podrían ocupar su lugar y aspirar, por ejemplo, a ser uno de ellos candidato a la Alcaldía para las próximas elecciones.

Así, mi Grupo Municipal, con sutilezas y retrecherías, consentimos que el PP no estuviese *en la palestra* de todo lo bueno que supuestamente se hizo para Linares, pero a cambio anular políticamente a quien le correspondía legítimamente representarnos: la *"delantero"* Ángeles Isac.

Las retrecherías incluían, por ejemplo, artificios como el *MarketPlace dTiendas* que, aunque después fue un fracaso, en su momento fue presentado por Enrique (Concejal de Comercio) y, con ello, ya parecía que el mérito de cara a la galería había sido del PP.

Claro, eran cosas sin mucha trascendencia, que sirvieron simplemente para decir que *los del PP también presentan cosas.*

Así se perpetraba el plan: Ángeles fuera de este *gran* invento político (RE-ACTIVA LINARES), a cambio de que Enrique fuese protagonista de una *tontura inservible* dentro del mismo (el *MarketPlace dTiendas*), mientras las bases del Partido Popular aplaudían *como focas* engañadas y sin saber que, realmente, podrían estar aplaudiendo algo más grande y útil para nuestro partido (desde un punto de vista político).

Por cierto, hablemos del *MarketPlace dTiendas.*

En el año 2016 tuve una idea de negocio, y fue ayudar al comercio local de Linares creando una plataforma informática (tienda online) del tipo AMAZON, pero con productos de proveedores locales que utilizaran ese espacio virtual, más que como sitio de compras online (que también), como escaparate por internet.

Compré el dominio web, al que bauticé como 'LINAZON', y también compré la plataforma informática necesaria (un *marketplace,* que es el alojamiento y la página web, para entendernos).

Hecha la inversión, propuse a la Cámara de Comercio de Linares (ingenuo yo) colaborar con la iniciativa, si podía ser sumando recursos y, si no podía ser, pues haciendo de nexo entre la plataforma y los comerciantes, que no es poco, tomando si era necesario su cuota de protagonismo la Cámara.

Elaboré una memoria que entregué a la Cámara de Comercio explicándolo todo, e incluso tuve una reunión formal con ellos y SECOT (un grupo de personas mayores que, supuestamente, ayudan a jóvenes emprendedores tutelándolos). Evidentemente, fueron otras muchas mis visitas a la Cámara. En ese momento su Gerente era Raúl Caro.

Tras un tiempo, desde la Cámara de Comercio dejaron de recibirme y de responder mis emails, *haciéndome el vacío* y dejándome caer en el olvido.

La verdad es que renuncié a mi idea y al dinero gastado por falta de apoyo, ya que por mí mismo no tenía recursos ni tiempo para sacarlo adelante; al fin y al cabo, yo tenía que seguir trabajando en mi día a día como autónomo, y eso era algo pensado en paralelo.

Pues bien, 4 años después pasó Raúl Caro de la Cámara de Comercio a ser Alcalde de Linares, y presentó justo esta idea (mi idea, *fusilada*) ante la ciudadanía; eso sí, carente de talento. De hecho, ese MarketPlace que presentaron en su día *a bombo y platillo*, hoy, dos años después, es un fracaso.

Yo hablé con mi compañero de partido, Enrique, y le dije que estaba dolido por esto. Él evadió el asunto, y siguió adelante *haciéndose la foto* con una idea que no era ni de él ni de Raúl, sino mía, y que si me lo hubiesen pedido yo hubiese arrimado el hombro para que el tema realmente funcionase más allá de la foto.

Está claro que, lo que menos les importaría sería que el *Marketplace* funcionase (como funciona, por ejemplo, el de PC COMPONENTES, de unos murcianos que es todo un éxito) ya que, para eso, toda cabeza pensante debía haber sido bien recibida; máxime la del *creador legítimo* de la idea.

Del resto de iniciativas presentadas por Raúl, y *sus criadillas*, que conformaban su *mega plan* RE-ACTIVA LINARES, recuerdo la iniciativa SOS-LINARES que fue espacio para *vanagloria* de Noelia Justicia repartiendo mezquindad entre los ahogados autónomos de la ciudad.

Estas ayudas de 700 € ofrecidas a los autónomos de Linares, pues bueno, no resolvieron ninguno de los problemas reales que tenían los autónomos. Como todo, si me lo das gratis y el trámite no es muy tedioso, *pues lo cojo.*

La tramitación de estas ayudas desde el área de Economía y Hacienda del Ayuntamiento supuso casi la paralización del consistorio, ya que fueron muchas las solicitudes recibidas y, para cada una, hubo que abrir un expediente administrativo único. Un trabajo que difícilmente podía asumir el área de Economía y Hacienda sin descuidar otras cosas como, por ejemplo, el pago a los proveedores locales (los mismos autónomos).

O sea, que para darle a unos autónomos una ayuda de 700 euros, paralizamos durante meses el pago de cientos de miles de euros a justo esos mismos autónomos. *¡No puedo con tanta genialidad!*

La explicación está en que Economía y Hacienda es un área transversal. Mientras estaban con esto, descuidaron las necesidades de las áreas del resto de Concejales que, si nos quejábamos, éramos señalados por Noelia con su *desenvuelto dedito.*

Todo esto, ¡en plena pandemia!

Así, se descuidaría, a sabiendas y, por ejemplo, la limpieza y desinfección de los centros educativos, pero claro, quien salió *pregonado* en prensa fue *el bueno* de Rafael Funes (Concejal de Educación), mientras los realmente causantes de la situación (Hacienda y Contratación; Noelia y José Luis), permanecieron resguardados *en su trinchera*.

Rafael, sobrepasado por la situación, exhibió cuál era el verdadero problema, y que de él no era; eso sí, lo hizo públicamente (como debiera ser siempre cuando de los asuntos públicos se trata) y entonces claro, fue tachado de crítico y desleal con sus *compañeros. Esto, al bueno de Rafa.*

Pero bueno, entonces José Luis Roldán (*el carretillero*, Concejal de Contratación), con el dinero de Noelia Justicia (*la faraona*, y Concejal de Hacienda) sacaron adelante un contrato *«de urgencia»* de 300.000 € adjudicado a URBASER para *un plan de limpieza y desinfección especial para el interior y los accesos de todos los centros escolares del municipio.*

Pues bien, poco después salió a la luz una lista de personas que, *según los mentideros*, eran afines al Partido Popular y José Luis pediría personalmente a URBASER que fuesen contratados para esta tarea presuntamente a cambio de la adjudicación del *contratito*.

Este es un asunto peliagudo y creo que aún judicializado, del que no conozco los pormenores debiéndole prudencia.

Tengo el testimonio de Ángeles, que para eso sí fue salpicada (para presentar cosas buenas, no); el de José Luis, quien me dijo que ese contrato realmente lo firmó Raúl; y el del propio Raúl, quien me dijo (comiendo juntos) que él no tuvo nada que ver en todo eso, y que para eso tenía un Concejal Delegado de Contratación (José Luis) encargado de esas funciones.

Lo cierto, es que en los medios de comunicación pudimos leer:

«El Ministerio Fiscal ha remitido al Juzgado un escrito para que se abran diligencias contra José Luis Roldán, Concejal del Ayuntamiento de Linares, por supuesto enchufismo en el servicio de refuerzo de limpieza de los colegios».

¡Casi nada!

Aún estamos esperando noticias al respecto, que ojalá todo tenga su explicación, y se hayan archivado esas diligencias, pero aquello pintaba mal.

Es mi opinión, porque vi esa lista manuscrita, creo que ciertamente habría nombres del entorno de José Luis. Bueno, la lista la vio todo Linares porque Juana Cruz (Concejal de Linares Primero) la alzó *con dos ovarios* ante las cámaras en una rueda de prensa.

Si no se archivaron esas diligencias y continúa el procedimiento judicial, esto podría impedir que José Luis, e incluso Raúl Caro, concurriesen en la Lista Electoral del Partido Popular. Entiendo que, yendo ahora ambos en la lista municipal del PP, o se *apañaría* el asunto, o *las altas esferas* no han tenido en cuenta esto por desconocimiento o descuido.

Así las cosas, el día a día del Ayuntamiento estuvo marcado casi desde principio del mandato por una lucha interna de posicionamiento de cara a las próximas elecciones. En política, lo normal.

Ya bien sabemos que la mejor guerra es la que se gana sin librar batallas y eso, principalmente, se consigue con un astuto posicionamiento previo.

Cada Concejal nos refugiamos en nuestras áreas y ahí, con los impedimentos propios por la dependencia que teníamos de las áreas transversales que mal atendían las necesidades de las nuestras, fuimos trabajando para mejorar, hacer bien las cosas, y demostrar nuestra valía.

Todo esto, mientras el calendario corría, a favor nuestra (porque aprendíamos), pero en contra de la ciudadanía ya que, mientras nosotros aprendíamos, ella esperaba soluciones.

Pienso que a la política se debe venir *aprendido*, y que ningún Concejal puede serlo sin haber superado una formación previa en materia administrativa (Ley 39/2015, Ley 40/2015, Ley RBRL, R.D. ROF, etc.).

Esto debiera cambiar y, para concurrir en una Lista Electoral municipal, sí o sí, el candidato debiera previamente haber superado un curso con todas las garantías de imparcialidad, como si de un carné de conducir se tratase. Eso sí, a ese curso debiera poder *apuntarse* cualquiera.

De hecho, se nota mucho cuando un Concejal viene con experiencia o formación previa como, por ejemplo, los Licenciados en Derecho, o aquellos que han formado parte de algún mandato previo aprovechándolo bien para aprender.

Ángeles fue ejemplo de ello. Ella venía *ya enseñada* por su dilatada experiencia política anterior (habiendo desempeñado otros cargos a nivel municipal, regional e incluso nacional), y dentro de su Concejalía de cultura hizo un trabajo ímprobo, dotando a la ciudad de una agenda cultural increíble, que persiste incluso tras habernos cesado como Concejales de gobierno.

Yo me puse las pilas tan pronto como fui capaz, comencé a

disfrutar del Parque de Bomberos y, aunque la pandemia me privó de la oportunidad de organizar muchas prácticas y simulacros, nos centramos en la adquisición de dotación (sobre todo herramientas, trajes, y cosas así).

Eso sí, sobre mí sobrevolaba el problema de las jubilaciones de los bomberos, que cayeron sumadas a una falta de personal, ya arrastrada desde antes de que yo llegase, pero sin capacidad política (ni respaldo) para conseguir yo del área de Función Pública (recursos humanos) que convocase las oposiciones para que entraran nuevos bomberos.

Javier Bris, como era Concejal de Personal y también de la Policía, volcó todos los recursos en la Policía, dejando *a dos velas* al Parque de Bomberos. Ese año, convocó 17 plazas de policía, y *cero* (ninguna) de bomberos.

Diecisiete policías, y cero bomberos. Frase ésta, que repetí hasta la extenuación cada vez que alguien, ocasionalmente, me señalaba por esto.

Puede imaginar el lector la situación en la que Javier Bris (con el beneplácito del Alcalde) me dejó y, afortunadamente, el Parque de Bomberos no la emprendió contra mí, sino que más bien me respaldaron e hicimos equipo para exigir nuevas convocatorias de bomberos, justas y necesarias.

Al final el asunto *se apañó* con unas comisiones de servicio, que son bomberos que vienen de otros parques para *echar* en el nuestro uno o dos años, remendando la situación, pero sin resolverla.

Previamente también, recordemos, Javier Bris adscribió *por las bravas* la Protección Civil al Parque de Bomberos. Su *obsesión* fue *que nada ni nadie* tocara *su* Policía, de ninguna manera. Hubiera sido tan fácil como acoger a Protección Civil en su Concejalía, y ya está.

Sin embargo, como tanto Raúl como Javier sólo parecían entender la forma de gobernar autocráticamente, su visión respecto de los problemas nunca contempló ceder en ningún sentido. Fue más importante *poner sus criadillas* sobre la mesa, que resolver cualquier situación.

Paradójicamente, Javier Bris firmó a escondidas del Alcalde (eso dice él en su defensa) dicha resolución, convirtiendo al jefe del Parque de Bomberos (Jesús Padilla) en jefe también de Protección Civil y en contra de su voluntad.

Al margen de si uno lo sabía, y el otro no, esto realmente ocasionó un problema para el mencionado Jefe del Parque de Bomberos, ya que éste bastante tenía con *llevar* el Parque de Bomberos sin ayuda ninguna, ni de su supuesto Sargento (que realmente trabajaba como bombero), ni teniendo ni un simple auxiliar administrativo (en ese momento) a su lado.

De ahí la frase que pronuncié a Javier Bris, dispuesto a guantearlo en Secretaría General una mañana ante el Secretario General: «tú no me metes un decreto por el culo porque no me sale de los cojones; eso es de maricones».

Y así fue cómo pasamos la pandemia, y la desescalada, con los voluntarios de Protección Civil, además de sin jefe de Agrupación (cayó enfermo), con un jefe del área incapaz de atenderlos, haciendo yo las veces de todas estas carencias (cosa que no me importó, me lo pasé bien) y, por pocas, sin seguro.

Previo a ese tiempo junto a Paqui Tijeras, en ese momento subinspectora de Policía Local de Linares y Jefa de Protección Civil, sacamos adelante con mucha ilusión y cariño un Reglamento para la Agrupación de Voluntarios de Protección Civil (AVPC).

Para ella fue *su gran obra*, pues se lo trabajó sin descanso hasta redactarlo y aprobarlo. Para mí, *el parto de una burra*, pues me costó *sudores y lágrimas* que Alcaldía diera las órdenes precisas para que el texto de este reglamento fuese informado y llevarlo a Pleno para su aprobación.

Un año de insistencia me costó, pero lo conseguimos, y la AVPC tiene su reglamento. El día que lo aprobamos allí estuvo Paqui, ya jubilada, brillante, preciosa y *vestida de calle*, para recibir el agradecimiento y cariño de los voluntarios y del propio Pleno, cosa de la que me encargué personalmente.

Volviendo a la cúpula de poder del Ayuntamiento, cierto es que todas estas deshonras durante el periodo corporativo transcurrido fueron haciendo mella en la relación entre Javier Bris y Raúl Caro.

Raúl intentaba sobreponerse a Javi, mientras Javi tenía más conocimiento e inteligencia que él, *durmiendo;* pero claro, el Alcalde era Raúl.

Al Alcalde, Raúl Caro, que había perdido su sitio totalmente respecto de Javier Bris, su primer teniente de Alcalde, no le quedaba mayor opción que ejercer su autoridad sobre *el Bris*.

Ese duelo se prolongó en el tiempo, y finalmente Raúl Caro perpetró *su ejercicio de autoridad*: retiró las competencias al líder de los

Concejales de CILU. Este era el propio Javier Bris (Función Pública e Interior), que además estaba acompañado de los Concejales Javier Hernández (Medio Ambiente y Ordenación del Territorio), y Myriam Martínez (Bienestar y Servicios Sociales).

Pero no lo hizo en cualquier momento, lo hizo justo cuando el PSOE estaba en su peor situación, viviendo una *sangrienta* transición e inmerso en un lío interno que hizo que hasta incluso pasara por una gestora local.

Dicho lío consistió en el descrédito de su líder en ese momento, Daniel Campos, quien *a hierro mató* a Juan Fernández y, como no pudo ser de otra forma, *a hierro murió*.

Esa transición estuvo marcada por una fuerte división interna en el PSOE. Finalmente, llegó la baja laboral de Daniel Campos, la constitución de la mencionada gestora local, y otras noticias como la dimisión de Pedro Serrano que suavizaron la cosa.

Situación que se prolongó hasta que el actual Alcalde socialista, Javier Perales, cerró filas y comenzó su liderazgo como Secretario General del PSOE en abril del 2021, persiguiendo la Alcaldía y buscado apoyos al más puro estilo *sanchista*.

La situación anterior se sumó al hecho cierto de que el líder de Linares Primero y Exalcalde socialista, Juan Fernández, por razones de mucha sensibilidad, apoyó hasta el final a Raúl Caro.

Yo creo que, entre otras cosas, porque éste retiró la acusación particular que el Ayuntamiento sostenía contra el Exalcalde en el procedimiento judicial (u algún otro paralelo o parecido) que después lo condenó (aún no en firme) a prisión por malversación de caudales públicos.

Así, Juan Fernández estaría en deuda con Raúl Caro, con el que además sostenía una estrecha amistad anterior por su relación institucional de 20 años atrás entre el Ayuntamiento y la Cámara de Comercio de Linares. *Ellos tenían sus cosas.*

La aritmética no salía ya que, sin el voto de Linares Primero, y con el PSOE venido a menos, era imposible que prosperase una Moción de Censura contra Raúl Caro.

¡Qué suerte!

Una auténtica vergüenza que dio lugar a que, Raúl Caro, del mismo modo que llegó al sillón de la Alcaldía por eliminación, se aferrara a él dos años después permitiéndose soberbiamente incluso prescindir de los apoyos de CILU, desacreditándolos y despojándose de ellos como si de un *clínex usado* se tratase.

Claro, éstos inmediatamente respondieron soltando las competencias que les quedaba, marchándose *dignísimos* a la oposición, pero comenzando una estrategia para, cuanto antes, sacar adelante una Moción de Censura contra Raúl Caro, que todos sabíamos que era cuestión de tiempo a pesar de que Raúl se quedó tan tranquilo, en su sillón, regocijado en su ego pensando en lo brillante de su ejercicio de autoridad; me recordaba a Luis Miguel (el cantante) mirándose al espejo en el escenario, *creyéndose su virilidad.*

Ese día, realmente perdimos nuestra mayoría política, quedándonos frágilmente en minoría, y condenados al bloqueo institucional y político. *¿Se puede ser más torpe?*

Lo más lamentable es que todo esto ocurrió fruto del

enfrentamiento entre un hombre de casi 60 años, Raúl Caro, contra un *niñato* de mí misma edad, unos 30 años, Javier Bris, denotando la falta de madurez, cualidades políticas y liderazgo de Raúl.

Una vez más, el arte de la guerra a disposición personal de un ego, el de Raúl, pero en detrimento de la ciudadanía. *¡Qué pena!*

La verdad, es que nunca vi a Javier Bris *con tutú* bailando en la *compañía Caro*. Ahí estuvo *el tío*, en su sitio, haciendo y deshaciendo a su antojo, lidiando y en connivencia con el *idiócrata principal*, toreándolo y manejándolo a su antojo, pero *sin hacerle la pelota*.

¡Ole mi Javi! Te perdono tu decretazo.

Por eso, y sólo por eso, he recuperado mi amistad con Javier Bris, perdonándole el daño que me hizo tanto en lo personal, como a nivel de político y de partido. Tanto a él, como al otro Javi (Hernández), y a Myriam, los considero buenos amigos y los aprecio mucho en lo personal por todo esto que hemos vivido juntos, y nos ha unido.

11 TERCER AÑO DE MANDATO MUNICIPAL

Así, el 8 de febrero de 2021, Raúl Caro suscribió la nueva resolución de Alcaldía repartiendo las Concejalías que CILU había dejado entre los restantes Concejales que quedábamos en el equipo de gobierno, que ya sólo éramos Partido Popular y Ciudadanos, 5 + 5, de los 25 miembros que tiene el Pleno.

O sea, en minoría, siendo diez contra quince.

Raúl me llamó y me ofreció la Concejalía de Policía Local. Así volveríamos a tener, tal y como estaba antes de llegar nosotros, todo en única Concejalía de Seguridad Ciudadana que englobaría Protección Civil, la Policía y los Bomberos; y en eso quedamos.

Creo que un par de días después volvió a llamarme, y me dijo que tenía un problema: Urbanismo (Medio Ambiente y Ordenación del Territorio). Me explicó que yo era el único técnico (ingeniero) del equipo de gobierno, y que necesitaba que yo hiciese frente a esa área también.

SOY CRÍTICO

Yo le expliqué que eso ya era demasiada carga de trabajo, sumando así Seguridad Ciudadana a la Concejalía de Urbanismo (sin olvidar mi actividad profesional; soy autónomo), pero que, por responsabilidad y por arrimar el hombro, para los dos años que supuestamente nos quedaban (que después resultaron ser solo uno) yo hacía el esfuerzo, *me liaba la manta a la cabeza y echaba pecho* a la situación.

Eso sí, implicaría dedicarme en mayor medida al Ayuntamiento, sin poder trabajar fuera como hasta ese momento, y requería que me levantasen la mano cuando algún incendio, explosión o gran accidente industrial hubiese en España y me encargaran su investigación (como es habitual); trabajos que ni podía ni quería rechazar, ya que se trata del *plato estrella* de mi carrera profesional, y de donde puntualmente gano la mayoría del dinero que tengo al año.

Sin embargo, sí dejaría temporalmente de coger otros trabajos más pequeños, e incluso a nivel local o provincial (otros proyectos, peritaciones o reparaciones de averías que yo resolvía por aquí), para dedicarme lo máximo posible al Ayuntamiento.

Así lo acordamos, pero, con Raúl, el respeto por la palabra empeñada brillaba por su ausencia. Raúl, en mi opinión, apenas tiene palabra.

Pues bien, a los pocos días nos reunimos los Concejales que quedábamos en el equipo de gobierno, y Raúl expuso cuál era su particular *reparto de Concejalías*. En lo que respecta al Partido Popular, fue tal que así:

A Auxi le dio Servicios Sociales y Bienestar Social, sumadas a Participación Ciudadana y Festejos que ya tenía.

SOY CRÍTICO

A Enrique Mendoza le dio los taxis y la presidencia de las Mesas de Negociación, inventándose la *Concejalía de Relaciones Laborales* para no darle toda la Función Pública (área de personal) quedándoselas el propio Alcalde para poder hacer y deshacer a su antojo.

Enrique sumó esa *concejalía inventada*, y el asunto de los taxis, a la Concejalía de Turismo y Comercio que ya tenía.

Yo dije que eso era un marrón mayúsculo, y que el PP no debería aceptarlo. Pero Enrique *bailó sólo*, y aceptó la delegación por su cuenta y riesgo. La verdad es que después lo hizo bastante bien y ha demostrado, una vez más, que es un tío más que válido.

A José Luis, en lugar de darle nada, aprovechó la ocasión para quitarle la Concejalía de Contratación (creo que, por razones obvias, por el tema del *enchufismo*), para dársela a Noelia Justicia, la que era su *delfín* en ese momento.

José Luis, *en punta y con su tutú*, indicó que mientras cobrase lo mismo, no había problema.

Para mi sorpresa, no juntó Policía, Protección Civil y Bomberos y, en su lugar, dio Policía Local a Mayte López (C's), dejándome a mí *solo* Urbanismo (sumado a Bomberos que yo ya tenía), y con la misma dedicación; eso sí, devolviendo Protección Civil a Policía Local, cosa que fue un acierto.

Como era de esperar, me vi obligado a cuestionar su palabra delante de todos: había vuelto a engañarme, porque el tema no era si Policía Local para mí, sí o no, sino que había vuelto a manejar los hilos a su antojo; o sea, di a entender *que no todos vestimos de tutú*.

La reunión se calentó, pero bueno, terminé siendo Concejal de

Urbanismo para el año que nos quedaba gobernando el Ayuntamiento; que, por cierto, para mí ha sido angustioso, pero sin duda bastante enriquecedor.

Como Dios es justo, *aun cuando escribe con renglones torcidos*, eso quedó ahí y, esta vez sin apenas investigar, encontré testimonios acerca de lo que pasó durante esos dos días.

Resulta que su primera idea fue darle a Mayte López la Concejalía de Urbanismo. Raúl, en realidad, lo que buscaba era tenerla a disposición de la Alcaldía para sus propios proyectos y que no generase problemas.

Poner a Mayte López al frente de Urbanismo sería una garantía para poder manejarla a su antojo desde Alcaldía. Además, Mayte tiene un corazón enorme, y ha sido muy leal a Raúl de principio a fin.

Pero si Mayte llegó *a su papá* y le contó que iba a ser Concejal de Urbanismo, habría un giro dramático en los acontecimientos. Mayte López, resulta que es la hija de Pepe López, empresario y/o negociante que participaría activamente y se lucraba con el *disparate* urbanístico de *La Rozuela*.

Evidentemente, Mayte no debía ser Concejal de Urbanismo.

La Urbanización de *La Rozuela* es un grave problema de la ciudad, enquistado desde hace décadas, con decenas de *parcelas* construidas *quizás* ilegalmente sobre un suelo especialmente protegido, que en su día fue un jugoso *caramelito barato* para los afectados pero que, cuando tomaron conciencia de que había construido *castillos en el aire*, en un suelo especialmente protegido, la cosa cambió.

Como no pudo ser de otra manera, ese problema de hace 30

años tuvo que explotar en mis manos.

¡Qué suerte la mía! ¡Menos mal que no lo hizo en manos de Mayte! ¿Fue casualidad que explotase ahora?

Eso, que llevaba ahí construido en esas condiciones desde que yo soy pequeño, tuvo que explotarme en mi cara cuando no parecía haber otra solución posible que, de oficio, *dejar aquello como el campo que preexistentemente era,* demoliendo todo.

Aquello fue un *designio* socialista donde todos ganaron: el que vendió los terrenos (que no servían para nada por la especial protección que tenía el suelo) en forma de parcelitas, *triunfó;* el que se llevó una comisión por cada parcelita, *se forró;* y el que pudo comprar una parcelita, *por cuatro perras,* pues tan contento quedó.

Y todo surgió durante nuestro Periodo Corporativo porque supuestamente, Raúl Caro, el Alcalde y antes de que yo fuese Concejal de Urbanismo, dio una orden verbal (*saltándose* al Concejal de ese momento, Javier Hernández, de CILU) para *retomar las inspecciones urbanísticas en todo Linares;* sin darse cuenta, por su profundo desconocimiento sobre la ciudad, que eso incluiría a las urbanizaciones irregulares que, al parecer, llevaban sin inspeccionarse desde tiempos lejanos, no sé si para evitar el follón social que suponían.

O sea: al parecer, por decisión política, la Administración Local había estado años mirando para otro lado, y este nuevo Alcalde revertió esa situación dando una orden generalista que metería *en un lío* a ciertos lugares en particular.

Recuerdo una llamada en la que, ya siendo yo Concejal de Urbanismo y sobrevenido por esta situación, me dijeron que «o arreglaba el problema que tenían en La Rozuela, o terminaría *con una bala en la cabeza*».

La verdad es que pensé que, en el fondo, los vecinos sabían que, si alguien podía reconducir esa situación, ese era yo; además, *¿qué imbécil avisa a nadie de que le va a pegar un tiro en la cabeza?*

Ese seguro que no tenía fuerza ni para sostener un arma. Quien ha tenido alguna vez un arma en las manos, no dice esas cosas.

Vamos, que ni denuncié, ni le di importancia. Además, *soy ratón* por parte de mi abuelo paterno, *y colorao* por mi abuelo materno; y *un ratón colorao* nunca tiene miedo.

Eso sí, me compré un arma (es broma; o no).

Volviendo al tema de Mayte, claro, con su padre posiblemente cubierto hasta el cuello en aquello *cubierto de porquería* con aquello, sumado a la incertidumbre administrativa (o incluso penal) a la que estarían expuestos los vecinos de la urbanización (los cuales señalan a su padre, entre a otros), así como por la nueva orden del actual Alcalde, ¿cómo iba a ser ella la Concejal de Urbanismo, y precisamente por delegación de este Alcalde?

¡Qué cosas!, ¿verdad? Hubiese sido divertido y, quién sabe, si incluso de cierta justicia divina.

Siendo yo Concejal de Urbanismo, y manteniendo al Alcalde al margen de mis acciones *(en defensa propia)*, seguí mi propia estrategia bien asesorado (interna y externamente), y se recondujo esa situación que tan mal comenzó, llegando al acuerdo de decenas y decenas de *expedientes de reposición de la realidad física alterada* (vamos, expedientes de *demolición*), gracias a la *torpeza* del Alcalde *idiócrata*, el Sr. Caro.

Pd. El de la bala en la cabeza no me llamó entonces para darme las gracias. Quizás le salió el tiro por la culata. Quién sabe si incluso sólo hacía méritos para vestir de tutú.

Urbanismo es un área apasionante. Tiene dos vertientes, una muy administrativa que se resume en la concesión de licencias de actividad y obras, pero también tiene la otra, que es la capacidad de definir el Linares del futuro sobre el que emergerán las oportunidades empresariales, y sociales, que tanto necesita.

Para la actividad diaria (administrativa) sufrí el problema de que, una vez más, el *incompetente* del Alcalde me quitó funcionarios de mi área de Urbanismo, para llevárselos a las áreas de Noelia Justicia, la otra *incompetente* que terminó dimitiendo.

Recuerdo el día que llegué a Urbanismo y me encontré a su jefa, M.C. Espinilla, llorando *como una magdalena*.

«Pero bueno, ¿qué te pasa?», le pregunté.

Entre sollozos, con sus gafas quitadas, limpiando sus lágrimas y súper delgadita del estrés que sufría, me miró ojerosa y me dijo: «*que se llevan también a J. A. Marín*».

J. A. Marín es un buen funcionario, muy bien formado, que se encargaba (dicho con palabras sencillas) de las licencias de actividad con trámite ambiental: cualquier actividad que vaya a dar lugar a residuos, ruidos o cosas similares; o sea, la mayoría. Imagínese el lector, por ejemplo, la licencia para abrir un bar.

Quitar de allí a J. A. suponía dejar un enorme agujero, y paralizar un montón de licencias e iniciativas privadas en la ciudad. Inmediatamente, pensé, *¿Raúl es gilipollas? ¡Como se le ocurre hacer esto!*

SOY CRÍTICO

Acuérdese el lector de que, tras salir CILU del Gobierno Municipal, Raúl se quedó las competencias de Función Pública (personal) para gestionar el área él directamente, sin delegar esas funciones en ninguno de sus concejales.

Lo llamé y no me lo cogió. Como siempre, me devolvió la llamada tan pronto como pudo (eso bueno sí lo tiene), pero para engañarme de nuevo: me dijo que se llevaba a J. A. Marín, pero que *«que me daría otro funcionario, que no se acordaba en ese momento del nombre, pero que me lo diría»*.

A esta frase añadió un *"créeme"*; cada vez que alguien me dice eso, al final siempre resulta estar mintiéndome. De hecho, la suelen utilizar bastante los participantes en la *camarilla Caro* y debe de ser una expresión muy pegajosa. Eso sí, de leer la Palabra de Dios en el Evangelio no creo que haya sido.

J. A. Marín se fue a Tesorería, pero en Urbanismo no aparecía nadie, y los expedientes se acumulaban. Tras un par de semanas de insistencia y briega conseguí que me dijese que me mandaría a Urbanismo a M. Nieto, que la verdad no sé si llegó a aparecer por allí alguna vez y que, claro está, de licencias no tendría *ni puñetera idea*.

Las cosas, en este caso los traspasos de personal, no se hacen así. De hecho, nunca se llegó a tapar el agujero.

Una vez más, Raúl me metió las manos en las migas, y la pata.

Podría enumerar una relación de empresas, empresarios y autónomos perjudicados por la paralización de sus proyectos de emprendimiento, todo ello obra del *mega Alcalde liberal* que se faroleaba de sus planes de ayuda a los autónomos y los emprendedores, y que venía de ser el Gerente de la mismísima Cámara de Comercio e Industria de Linares, aunque de todo *en modo escapista*.

Las llamadas de los interesados se me agolpaban en el teléfono y no tuve más remedio que ir derivándolas a Alcaldía. Eso fue considerado como un error político y, aunque la verdad no vi evidencias de ello, me podrían acusar nuevamente de *ir en contra del equipo;* pero claro, ¿qué alternativa me quedaba?

Ya no podía dar más la cara por Raúl; nunca me apeteció, pero ahora me resultaba materialmente imposible. Los ciudadanos debían conocer la verdad de la situación, *y poder ponerle el cascabel al gato.*

Esto, en realidad, no era más que otra *maniobra de guerra:* quitarme funcionarios a mí para dárselos a Noelia Justicia, y ocasionar un problema en un área de la que soy responsable para complicarme la vida y dar lugar a mi descrédito, a la vez que favorecía a su compañera de Grupo Municipal (C's) y amiga, Noelia.

Oye, pues hice piña con los funcionarios, con los interesados, me busqué la vida para encontrar alternativas, salí del paso, y Raúl no consiguió el más mínimo *deslustre* de mi nombre.

Mis apellidos no merecían eso.

Su batalla la perdió él mismo; la mía, la gané antes de tener que librarla. *Ese sí que es el arte de la guerra.* Ganaron los emprendedores, perdió Raúl, y no tuve ni que *matarlo* yo.

CONGRESO LOCAL DEL PP DE LINARES

Este año 2021 también se celebró un Congreso local del PP de Linares, que fue el 4 de julio. Previamente, el 15 de mayo, se había celebrado un Congreso provincial del PP de Jaén en el que se erigió Erik

Domínguez (Concejal de Guarromán) como Presidente Provincial.

Hasta ese momento, los *tentáculos* de Pablo Casado y Teodoro García Ejea (presidente y secretario del PP nacional) seguían funcionando.

Cuando hablo de tentáculos me refiero a la red de personajes *afines* a ellos que fueron proponiendo (por decirlo suave, pero en realidad fueron imponiendo) para que fuesen los presidentes provinciales y locales de las distintas estructuras a lo largo de España, con el objetivo de controlar toda la estructura nacional del Partido Popular.

Un Congreso, se supone, es un evento en el que cualquier afiliado que cumpla unos requisitos de afiliación, antigüedad y respaldo de la militancia (que recabe los avales necesarios) puede presentarse libremente para ser Presidente Local, Provincial o Regional dentro del Partido Popular.

Evidentemente, se pueden presentar varios candidatos; unos de *la cuerda* de unos militantes, y otros de la de otros. De una forma ejemplarmente democrática, el periodo congresual debería servir para dirimir quiénes serán los presidentes de las distintas plazas del partido.

Lo que Teodoro García Ejea y Pablo Casado hicieron fue proponer desde su ventajosa posición (*desde arriba*) presidentes provinciales *de su propia cuerda;* o sea, amigos de los cuales cuentan con su apoyo, y a la vez haciendo (mediante distintos mecanismos) que éstos concurriesen en candidatura única; esto es, conseguir que no se postulase nadie más a ser Presidente en ningún sitio, y así sólo lo sería su *candidato favorito* de turno.

SOY CRÍTICO

Si algún *rebelde* hiciese uso del derecho que le confieren los Estatutos y, a pesar de las propuestas de candidatura única de turno para cada sitio llevadas a cabo por *el aparato*, presentase su candidatura a Presidente, difícilmente podría ganar liderazgo puesto que se consideraría una rebeldía, y sería tachado de desleal, **crítico**, etc.

En el caso del PP de Jaén, la estructura de Pablo Casado propuso a Erik Domínguez quien, a su vez, venía de apoyar férreamente a Pablo Casado (y organizar su campaña en Jaén) para el XIX Congreso Nacional del PP, en el que se disputó el puesto con Soraya Sáenz de Santa María y Mª Dolores de Cospedal, ganándolo finalmente gracias al apoyo, de entre otras plazas, del PP de Linares en segunda ronda, en la que participé como compromisario (representante de mi ciudad).

Así, el candidato estrella de Teodoro y Pablo en Jaén fue Erik Domínguez, y en candidatura única, con el puesto garantizado.

La excusa barata para exigir *desde arriba* una candidatura única fue que era mejor así, para evitar sangrientos debates de poder en el seno del partido, de los cuales siempre sale el partido perjudicado. Esto, en realidad, fue una imposición, que la militancia del PP de Jaén acogió bien dado lo que ocurrió en el último Congreso, pero, sin acordarse o sin saber, que ocurriría así precisamente por culpa de la manipulación de *los de arriba*.

Para que no haya batallas sangrantes dentro del partido, lo que hay que hacer es dejar que los Congresos discurran naturalmente, sin que sus *altos líderes* la mano en ellos potenciando candidaturas, como pasaría entre Juan Diego Requena y Miguel Moreno.

Por otro lado, celebrar y ganar un Congreso con una candidatura única no tiene ningún mérito y suele desilusionar a la militancia, hasta el punto de que ésta ni siquiera acude a votar.

¿Para qué votar si el resultado va a ser el mismo? El agraciado *niño bonito* sería presidente por *obra, gracia, y dedazo*, de Pablo Casado sin más discusión, con 394 votos que representaban como compromisarios a los más de 18.000 afiliados del Partido Popular de la provincia de Jaén.

Y de la misma forma, tal y como habría aprendido de Teodoro y Pablo (los que luego tuvieron que salir *por la puerta de atrás* de Génova, quizás por *niñatos pijos malcriados*, y algo más), vino Erik Domínguez a Linares meses más tarde para proponer (imponer) una candidatura única: la de Mariola Aranda, todavía Alcaldesa de la Entidad Local Autónoma Estación Linares-Baeza (algo parecido a un *alcalde pedáneo*), mientras yo era el Secretario General del PP de Linares.

Para el 12 de julio de 2021 convoqué Junta Directiva Local y Comité Ejecutivo del Partido Popular de Linares, siguiendo instrucciones de la que era en ese momento la Presidenta Local, Ángeles Isac.

A esta Junta Directiva Local acudió un gran n° de miembros, como siempre, y también el Presidente Provincial (Erik Domínguez) con su Secretaria Provincial (Elena González).

Lo que tocaba hacer, con base en los Estatutos, era acordar la celebración del Congreso local suscribiendo yo (como Secretario General) un acta con el acuerdo, y designar el que sería el Comité Organizador del Congreso (COC): un órgano temporal dentro del partido encargado de organizar y celebrar dicho Congreso.

Lo que no tocaba hacer, *ni mucho menos*, era que desde Jaén (Erik y Elena) anunciaran que proponían (imponían) a Mariola Aranda como sucesora de Ángeles Isac, defendiendo que lo mejor era que hubiese esta única candidatura *de consenso*.

Yo no vi el consenso, ya que el consenso en este partido (y que conste que yo me he leído nuestros Estatutos) se consigue votando los militantes en un Congreso; pero bueno, así lo hicieron, *teodorianamente*.

Como decía, era preceptivo designar un Comité Organizador, que me tocó a mí también presidirlo. *¡Qué suerte!*

Si todo salía bien, nadie me iba a dar ni las gracias. Si algo salía mal, me crucificarían. Y, *como dice aquel*, encima gratis.

Lo único bueno de todo aquello es que, como secretaria del mencionado comité organizador actuó Mamen Muñoz; un cielo de mujer, bien preparada, formal y comedida, que resultó ser clave dentro de este equipo para que todo saliese bien.

En ese momento Mariola (persona "propuesta" desde Jaén) siguió haciendo lo de siempre: nada.

Sin embargo, los que *teníamos sobre nuestro tejado la pelota* de organizarle el Congreso, comenzamos a trabajar toda vez de confeccionar documentos, actas de reuniones, programar todo para la fecha, reservar espacios, megafonía, etc., y organizar un periodo congresual con sus distintos estadios (recogida de avales, presentación de candidaturas, proclamación de candidaturas, comunicaciones a la militancia con toda la información, etc.) cumpliendo con los Estatutos aun sabiendo que, al fin y al cabo, todo era una pantomima porque lo que teníamos la militancia era la imposición de una candidatura única, *desde arriba.*

Pero yo no me relajé, porque sabía que si algo salía mal Mariola lo utilizaría con todas sus fuerzas en mi contra, y porque también empezaba a tener información de que era posible que alguien se saltara la imposición de la candidatura única y finalmente se presentase. *Hubiese estado bien, la verdad.*

Así, yo me comporté objetivamente y como el mejor de los presidentes: cumplí fielmente los Estatutos, aunque también me criticaron por eso; *¡hay que fastidiarse!*

Un día me envió Mariola una serie de mensajes, diciéndome «me han dicho que me digas…» (en plan, *orden desde arriba*) «porque ya tienes el censo de los afiliados» y «que me mires unos cuantos nombres para ver si están afiliados o no».

Bueno, sí, ella habla así.

Yo, de verdad, estaba flipando. En ese momento Mariola estaba rebuscando sus avales (firmas de afiliados), necesarios para poder ser candidata a Presidenta (hace falta un número mínimo), pero todavía no era ni siquiera candidata porque no había presentado su candidatura.

O sea, todavía estaba recabando avales para presentarse.

Los Estatutos del PP requieren ese mínimo de avales con el que el candidato, a fin de cuentas, demuestra que conoce el partido (a sus militantes, a los que pretende representar) y que un cierto nº de personas de él le respalda.

Pero claro, en ese momento el futuro candidato no tiene acceso al censo (lista de nombres, direcciones y teléfonos de todos los afiliados en Linares) para poder dirigirse a ellos (*faltaría más*), uno a uno, llamar a su puerta y pedirle su aval.

Si necesitas el censo local para eso, es que no conoces el partido y, por lo tanto, ya me dirás si eres merecedor de ser su Presidente, cuando ni siquiera sabes quiénes son *su gente*.

Lo cierto es que me insistió exigentemente para que le mirara unos nombres en el censo y comprobar si realmente éstos eran afiliados, o simples simpatizantes, para saber así si su aval sería válido.

Con un especial cariño, aunque sabía que era *como echarles flores a los cerdos*, me opuse a hacerlo y le expliqué (sin invitarla a leerse los Estatutos, porque eso habría sido catalogado como *muy soberbio*) que el acceso al censo lo tendría después de ser aceptada su candidatura a Presidenta formalmente (tal y como establece el Reglamento), y para meros efectos de comunicación; o sea, para hacer campaña, cosa que además sería cuestionable siendo candidatura única.

¿De verdad a alguien que aspira a ser presidente de algo, hay que explicarle las reglas del juego de ese algo? Siendo además una Alcaldesa, y militante, ¿con más de 40 años de edad?

Pues sí, ese era el nivel.

Tras eso, ella se dirigió a Jaén para dar las quejas *de lo malo que era* el Presidente del Comité Organizador del Congreso Local (su exnovio; o sea, yo), y me llamó Elena González (la Secretaria General Provincial), con un tono muy prepotente para preguntarme que *a qué se debía mi actitud*.

Con mejor tono y talante que ella (que la aprecio bastante), le expliqué lo que ponía en los Estatutos, y ella me respondió que sí, que lo sabía, pero añadió: *«las cosas todos sabemos que luego en la práctica no se hacen así»*.

Yo le dije que si yo era el presidente del COC tenía que ceñirme a los Estatutos, y que mi experiencia además era esa, y que no entendía mejor forma de hacerlo.

Lo más lamentable es que, entre los nombres que me pidió Mariola que *le chivara* si eran afiliados o no, estaba el de una familiar suya, que por cierto pidió su baja de afiliación meses antes y se la tramité yo (como Secretario General).

Y con este *ambientazo*, calumniado desde el primer momento, tuve que sobreesforzarme para que todo saliese bien, pero por mi propio bien para evitar ser aún más demonizado por mi expareja, haciéndose la víctima con todo el mundo, contando mentiras, e intentando dejarme en mal lugar sólo por haber decidido mi futuro al margen de ella.

No sin otras situaciones indigestas, llegó el 4 de julio y celebramos el Congreso. Allí se presentó ella, la agraciada candidata, sin haber hecho absolutamente nada y sin un equipo que se preocupara, ni siquiera, de llevar una maceta para adornar el escenario.

En el escenario del pósito hubo una mesa y 3 o 4 sillas, y el atril del mismo pósito; un proyector y una pantalla, donde proyectamos un vídeo que preparé yo, con un logo del Congreso que con mucho cariño diseñé yo (con mi ordenador), y un taburete de mi cocina que me llevé yo mismo, con mi coche.

Parece que las cosas se hacen solas, pero no.

SOY CRÍTICO

El Congreso se desarrolló con base en la escaleta del evento combinando música, que también organicé y concilié yo con el técnico de sonido.

Todo salió a pedir de boca. Yo mismo presenté el acto: prefería hacerlo antes que buscar a alguien y ponerse a explicar qué había que hacer (no por nada; por mera falta de tiempo).

Como Presidente del Congreso, además de organizador y *negrero*, pues yo mismo me puse un micrófono de diadema y me encargué también de su desarrollo, incluyendo una cariñosa presentación de *la candidata única*, protagonista de ese día, hablando maravillas de ella obviando lo que realmente pienso, con una sonrisa y actuando como de mi se esperaba: *como un caballero.*

Ella se subió al escenario tras yo presentarla y, lo primero que hizo, fue recriminarme ante todo el público haberme olvidado de mencionar «*su proyecto estrella*», que es que supuestamente y según ella se iba a hacer una casa de la juventud en su pueblo.

En fin, de nada, Mariola.

Visto ahora con perspectiva: en ese momento ella hablaba de la casa de la juventud de su pueblo, un pueblo de avanzada edad media, en el que los pocos jóvenes que quedan han fundado un partido (independientes por la Estación) para presentarse en su contra.

Ese era su «*proyecto estrella*» (así lo llamó ella, aunque en realidad sólo era una idea porque no había nada proyectado), y del que por cierto 2 años después no hay noticias. *¡Ay, Mariola!*

¡Ah!, ese día *me olvidé* también (esto es una ironía) de contar otra iniciativa suya, que consistiría en utilizar el aumento de la cuantía

económica que recibe desde el Ayuntamiento de Linares (su Presupuesto Municipal), de unos 30.000 € más que le habíamos conseguido al año gobernando nosotros (el PP) en Linares, en lugar de para hacer *cosas buenas* por su pueblo, para (entre otras cosas) ponerle un sueldo a su compañera, *la Merche;* merecido sin duda, sobre todo suponiendo que la Alcaldesa, con esto de ser también Presidenta, estará muy ocupada como para atender bien la Alcaldía de su pueblo, y necesitaría ayuda.

Llegó la hora de votar y la militancia que asistió al *evento del año* del PP de Linares comenzó a desfilar por la urna. Como hubo pocos asistentes (unos 80 votos), se tardó poco en votar.

Llegó el momento de abrir la urna y contar los votos, y ahí estuve yo para hacerlo. Empezó el recuento entre todos los miembros del Comité y yo mismo conté 4 votos nulos, pero pronto dejé de contar porque alguien me llamó; total, me distrajeron y me quitaron de allí durante 3 o 4 minutos con no sé qué excusa de la música, los asistentes y yo qué sé.

Cuando volví ya estaba todo contado; eso sí, menudas caras, *de poema*, y me dio muy mala espina. Me sentí como *una seño* que entra a un parvulario justo cuando los niños se están portando mal.

Miré los resultados y sólo había 4 votos nulos. *¡Vaya!, ¡justo los que había contado yo!* ¿Cómo podía ser que los que había contado yo en 1 minuto, fuesen los únicos tras contar toda la urna? ¿Después de irme yo no había salido ningún nulo más?

Yo, que soy científico y sé de estadística, *sabía que me la habrían jugado.* ¡Menos mal que era una candidatura única!

SOY CRÍTICO

En los votos nulos ponía cosas como *Mariola no te queremos.*

Eso no tendría trascendencia, pero, si de los 80 votos totales resulta que 20 fueron nulos (más o menos eran esos, y tengo los testimonios posteriores de los votantes), el % de respaldo de la nueva Presidenta se hubiese afeado bastante, para su vergüenza.

No tenía muchas más opciones: el error había sido mío por separarme de allí, dejando a las *amiguitas* de Mariola solas (también compañeras mías, pero ahora más *amigas del poder* de Mariola) haciendo el recuento de la votación.

Tenía indicios, y sus caras, mientras esperaban a que yo firmase el papel con el resultado, me confirmaban la posibilidad *del pucherazo.* Pronto pensé, *necesito algo* para intentar poder demostrar lo que ha pasado si en algún momento me hace falta (en el futuro).

Me fijé en quién había a mi alrededor, y vi a un niño y a un borracho, y pensé: *¡fenómeno!, todo el mundo sabe que éstos siempre dicen la verdad.*

También me fijé en ellas, y en él, y pensé, estas contarán esto tan pronto como se sientan traicionadas por Mariola. Es cuestión de tiempo. Y en cuanto a él, pensé, quizás hablará incluso antes de que lo traicionen; *es un tío de raza.*

Pero yo soy científico, e ingeniero, y necesitaba algo más que el razonamiento dialéctico; entonces vi ahí, encima de la mesa, la flamante urna con todos los votos dentro. Pensé que, teniendo los votos, y junto al censo del partido en el que se fueron punteando los nombres de los votantes para confirmar que no votaba nadie que no estuviese afiliado y que, además, nadie votase dos veces, con esas dos cosas podría tener las pruebas.

Pero el censo no estaba sobre la mesa; es más, yo se lo tenía que devolver ese día a la Secretaria Provincial. En fin, tendría que buscarlo después, a ver *quién narices* y muy astutamente se lo había guardado.

Pero sí cogí la urna, *con mi par,* puse el acta sobre ella, firmé los resultados que me habían pre escrito *las guapas*, y me llevé el acta y la urna conmigo al escenario, para sorpresa de ellas.

En algunas fotos del final del acto se puede ver, al fondo del escenario, la urna.

Desde ese momento ya no me separé de la urna, y aún la tengo localizada.

El resultado fue 80 votos emitidos, 5 en blanco, los 4 nulos que conté yo, y 71 a favor de Mariola.

O sea, *patéticamente*, Mariola iba a ser Presidenta del mismísimo PP de Linares con sólo 71 votos, del alrededor de 1.000 afiliados que tendría el partido a nivel local.

Sólo tenía que subirme yo al escenario con el acta en una mano, *y la urna bajo el brazo*, y proclamarla Presidenta del Partido Popular de Linares.

Por comparar un poco, en el anterior Congreso (que también lo organicé yo) a Ángeles Isac la votaron unas 400 personas.

Total, que así lo hice, subí al escenario y evité decir que «con sólo 71 votos a favor» Mariola era la nueva presidenta. Yo no soy malo, ni dañino, había llegado hasta ahí, todo había salido bien, y había quedado como un caballero; no era plan de dar razones al final.

SOY CRÍTICO

Llamé a Mariola al escenario, la cogí de la mano, se la alcé, y la proclamé nueva Presidenta del PP de Linares. Todo salió bien y, en realidad, ese fue mi objetivo.

Pero necesitaba algo más. Necesitaba localizar el censo rápidamente, antes de que la gente se saliese de auditorio, y comencé a preguntar e indagar quién lo tenía. Al fin y al cabo, las *actrices* habían sido sólo unas pocas.

Pronto alguien *me chivó* quién se llevaba el censo en el bolso, y me fui en busca de ella. Se disponía a salir del teatro, la intercepté en la puerta de salida y le dije: *por favor, dame el censo.*

Me dijo que no, que no me lo daba (torciendo el morro; muy de ella), y le insistí, diciéndole que el censo era objeto de mi custodia como Presidente, y que no podía llevárselo. ¡Y me volvió a decir que no!

Yo vi, claramente, que se iba con él.

Por suerte, a menos de un par de metros estaba Elena González, la Secretaria General Provincial.

Alargué mi mano, toqué su hombro, se volvió, y le dije «*Elena, te tengo que dar el acta firmada y el censo también, ¿verdad?*»; y me dijo que sí.

Lo dijo delante de ella, y yo la miré y le dije delante de Elena: «*dámelo*». Y me lo dio.

Así que cogí el acta, y ahora el censo punteado en papel, y se lo di a Elena. Así, yo sé de los votos, y ella (la Secretaria General Provincial) tiene el censo punteado.

Estudiando los votos es posible que hubiera cerca de 20 que sufrirían un *cambiazo* (y también sabiendo que, cerca de 20 personas, afirman que votaron nulo).

Ese día empeñé un trocito de mi honor, pero resguardé mi honra.

Ni hablar de lo que me contaron *el niño y el borracho*, cosa que explica el resto de cómo, cuándo, y hasta incluso quién se pudo llevar los verdaderos votos nulos dentro de su bolso, fácilmente identificable por su llamativo diseño, por cierto.

Todo lo anterior no cambió nada: Mariola fue Presidenta sí o sí y, de todos modos, yo iba a guardar su vergüenza callando los datos de participación al proclamarla, lo que hubiera evidenciado que tenía menos votos que cualquier presidente de una comunidad de vecinos.

De hecho, es la primera vez que cuento esta historia.

Muchos militantes me felicitaron porque todo había salido bien, y a todos les recordé que el Comité Organizador había estado formado por varios miembros, aunque tengo que incidir en que Mamen Muñoz (la Secretaria) fue una pieza clave (para bien) y, eso, me lo llevaré siempre en el corazón.

A la salida del acto, Erik Domínguez (Presidente Provincial, y a quien consideraba mi amigo) me dijo lo mismo, y también que «*lo siguiente sería integrarme a mí dentro del equipo de Mariola*».

Yo le dije que no era necesario, que no quería formar parte del equipo de alguien que habitualmente hablaba mal de mí, que yo había cumplido con mi obligación, que todo había salido bien (ese fue el resultado objetivo), que no había hecho absolutamente nada que pudiese perjudicarla sino todo lo contrario (me excedí organizando cosas para que el acto fuese bonito), y que *ella se lo perdía* si no quería contar con alguien como yo.

Con esto, llevaba a mis espaldas 8 años como jefe de comunicación local, 4 como Secretario General y 3 como Concejal de gobierno. En todo momento participé activamente en la vida política de mi partido: sus Congresos, elecciones, campañas, convenciones… siempre con buenos resultados, y ya poco más tenía que demostrar.

Y es que claro, en ese mismo Congreso y tras ser proclamada presidenta, Mariola leyó la lista de personas que formarían parte de su Comité Ejecutivo, y en esa lista no estaba yo, a pesar de ser en ese momento el Concejal de Urbanismo de la ciudad, y Secretario General saliente, ni más ni menos.

¿Cómo podía dejar a un cargo tan importante fuera del Comité Ejecutivo? Pues sí; eso fue lo primero que hizo Mariola. *¡Empezaba bien!*

Bueno, con Ángeles Isac (Portavoz y Teniente de Alcalde del Ayuntamiento, y Presidenta saliente) hizo lo mismo.

Fue patético y eso, la militancia (que suele hilar bien fino), lo vio.

Volviendo al Ayuntamiento, lo del Congreso no fue nada para *la que se estaba liando* en algunas de las áreas municipales, sobre todo en lo que respecta al área de Economía y Hacienda, de la que dependía todo.

Fue la *fuente de ignición* que condujo a que se materializara nuestro fin dentro del Ayuntamiento tras haber perdido, como dije antes, la mayoría absoluta.

Raúl Caro *puso* en esa Concejalía a Noelia Justicia confiando en ella en y su supuesta capacidad intelectual que después, en mi opinión, resultó ser insuficiente. Su *muerte* política fue clara: su incapacidad para elaborar y negociar el Presupuesto Municipal.

Raúl dejó caer toda la responsabilidad de elaborar y negociar un borrador de Presupuesto Municipal sobre los hombros de Noelia, pese a que era evidente que no estaba capacitada para hacerlo.

Es más, llegó a presentar un *copia-pega* del último, olvidando cambiar algunas fechas y donde las cantidades del anexo de inversión, por ejemplo, no cuadraban; además, sin negociarlo con el resto de los partidos políticos. *Un auténtico desastre.*

Bueno, ese *no-borrador* de presupuesto no incluía en absoluto ninguna de las necesidades del Parque de Bomberos, o del área de Urbanismo, por ejemplo (al igual que conmigo, pasaba con el resto de las áreas municipales). El borrador no estaba trabajado desde un punto de vista político, teniendo en cuenta los informes que previamente habíamos elaborado al respecto.

O sea: absolutamente nada de lo que yo había informado para acometer las acciones que la ciudad requería, más allá de la gestión administrativa ordinaria, venía respaldado por el presupuesto; y por lo tanto no iba a poder hacerlo.

Yo sabía que ese *no-borrador* de presupuesto *inútil* no se podía aprobar, así que tampoco luché en este sentido. ¿Para qué? ¿Cómo pretendía Noelia negociarlo con la oposición si, realmente, ni siquiera lo había consensuado con sus propios compañeros de gobierno?

Raúl también jugó ahí su partida, y es que se vería venir que nuestros días en el Ayuntamiento estaban contados. Fue tan sencillo como *dejar sola* a Noelia con el asunto del presupuesto, no siendo ésta capaz de ni siquiera elaborarlo; ni hablar de consensuarlo *la faraona* con nadie.

Así, nunca habría un borrador de presupuesto útil para someter a un PLENO en el que quedaría de manifiesto la debilidad política del Alcalde y su fracaso político que le obligaría, si tuviese la dignidad suficiente, a dimitir.

Pues nada, la oposición hizo del Presupuesto Municipal su *caballo de batalla*, mientras la *incapaz* Noelia los acusaba de marear la perdiz en las comisiones. Mientras tanto el Alcalde permanecía escondido, ya que el gran beneficiario de que no hubiese un borrador de presupuesto era él: ganaba tiempo *de sillón*.

Cuando Noelia se vio acorralada, presentó aquel *truño* de presupuesto que para nada servía, sin consenso alguno. Finalmente, la oposición pidió su dimisión en bloque y ella, también *dignísima de la muerte*, buscó cobijo en una empresa *amiga*, y dimitió.

La próxima *cabeza* en rodar sería la de Raúl, el Alcalde, aunque sabíamos que un potencial *ególatra* como él difícilmente dimitiría.

Mientras tanto, Linares continuaba *desangrándose*, sin soluciones, con sus ciudadanos en paro, y los jóvenes marchándonos fuera para poder trabajar (yo, a Madrid).

Desde el 2019 hasta el 2022, la ciudad perdió 1.685 habitantes.

12 LA MOCIÓN DE CENSURA

Raúl Caro pensaría que, aunque habíamos quedado en minoría política, la oposición no estaba en condiciones de formar su mayoría y que podríamos *tirar* así hasta el final del mandato, o sea, hasta mayo del 2023.

Pero las cosas en política nunca salen como uno quiere. El PSOE curó sus heridas, se rearmó, y hubo oposición suficiente para presentarnos una Moción de Censura.

Los 8 votos del PSOE, con los 3 de CILU (quienes antes fueron nuestros socios de gobierno, pero a quienes Raúl Caro *vilipendió* hasta perder su apoyo), y los 2 de Izquierda Unida, sumaban los 13 Concejales suficientes para que prosperase la Moción de Censura.

El PSOE avisó y dijo que, si no se democratizaba el Ayuntamiento (que, en verdad, con nuestras cosas, no estaba mal democratizado), y si no se contaba con ellos para aprobar un presupuesto (pidieron un imposible, la verdad, contando con que la Concejal de Hacienda era una *incapaz* para ello), presentarían la Moción de Censura.

El escenario se calentó, y los partidos comenzaron a intentar parar la Moción de Censura a distintos niveles.

Por parte del Partido Popular, y dada la *ineptitud política* de la nueva Presidenta Local, tomó las riendas Erik Domínguez (Presidente Provincial), que, la verdad, se *dejó el lomo* intentando revertir la situación.

Por parte de Ciudadanos Raúl Caro poco podía hacer y, además, tenía su Grupo Municipal fuertemente dividido, ya que poco se ganó el compañerismo de Pedro Cintero y Rafael Funes.

Pero llegó un momento en que la Moción de Censura era inevitable, Erik nos reunió, y nos contó que todos los intentos habían sido infructuosos.

En esa reunión hice un planteamiento muy sencillo: no se podía hacer una Moción de Censura a un Alcalde que no existiese. Quise decir: si Raúl dimitía a tiempo, ya no habría un Alcalde censurable, y sería cuestión de volver a formar gobierno inmediatamente después, sin él.

Esta opción no gustó a los altos cargos del Partido Popular, y Erik se excusó en que *lo último era pedir dimisiones de Alcaldes*, porque el PP tenía muchos otros Alcaldes en otros municipios a los que se les podía hacer lo mismo.

No fue una buena excusa, la verdad, ni me la creí. Este Alcalde, Raúl Caro, ya *no valía un duro*, porque estaba a punto de recibir una Moción de Censura.

Tampoco era necesario pedirle públicamente su dimisión; era tan sencillo como hablar con él y darle la oportunidad de que se fuese por su propio pie, también *dignísimo* como su compañera Noelia, y que no se llevara con él la Alcaldía que el Partido Popular (sin ser él del PP) le había regalado.

Esa opción supondría proponer un nuevo Alcalde del agrado de CILU, con quienes previamente yo había hablado y me dijeron que, si Raúl dimitía y proponíamos a Ángeles Isac como nueva Alcaldesa, no iban a ser un problema.

Es más, me dijeron que su objetivo era *quitar de en medio* a Raúl, pero si eso lo podían hacer si darle la Alcaldía al PSOE, lo preferían.

Pero por las *cloacas* del PP ya se encargaron ciertos *compañeros* de advertir que NO votarían a favor de una investidura de Ángeles Isac.

Quedó de manifiesto que lo que realmente querían era terminar de *echarla* para ocupar su puesto y, si para ello se perdía la Alcaldía, no les importaría.

¿Se imagina el lector que Ángeles se queda de Alcaldesa por un año, hace un buen trabajo, y se postula para ser de nuevo la candidata? ¿Qué iban a hacer entonces sus Concejales *compañeros* que llevaban 3 años haciendo lo posible para que dimitiese y ocupar su lugar?

El Partido Popular no fue capaz de tragarse su propio ego e intereses particulares para evitar perder nuestra Alcaldía (la que nos correspondía), y dimos lugar a que el PSOE llegara y presentara la Moción de Censura el día que dijo que lo haría, y a la hora que dijo que la presentaría, tal y como avisaron, un año después de la ruptura de gobierno entre CILU, PP y C's, el 24 de febrero de 2022.

Fue así cómo, y por qué, perdimos la Alcaldía de Linares.

El mismo 24 de febrero, el Secretario General del Ayuntamiento, D. Luis Gómez, diligenció la convocatoria del Pleno para debatir esta Moción de Censura en los términos que establece la Ley Orgánica del Régimen Electoral General.

Y no, no iba a ser tan fácil; *this is Linares.*

Días después, y sin saber yo nada por cierto, Noelia Justicia y Mayte López (Concejales en representación de C's) y José Luis Roldán (en representación del PP), interpusieron recursos contencioso-administrativo contra la diligencia del Secretario General, alegando *prejudicialidad penal* por un supuesto delito de prevaricación administrativa, solicitando que el Juzgado tomara ciertas medidas cautelares (suspender la celebración del Pleno) cuestionando si dos Concejales que habían firmado la Moción de Censura (del PSOE) podían hacerlo, con dos argumentos (a grandes rasgos):

- Para el caso de Daniel Campos, porque éste se encontraba supuestamente de baja médica, y ciertamente no acudía a los Plenos, pero sí firmó la moción.

- Para el caso de Javier Palacios (el farmacéutico), porque había *contratado* con el Ayuntamiento durante la pandemia (cosa que no debe hacer un Concejal como norma general), suministrándole mascarillas al consistorio cuando en ningún sitio había y, lo mejor de todo, por encargo del propio equipo de gobierno, cosa que ocurrió 2 años antes.

Tengo que decir que a mí esto no me gustó nada. El ejemplo y la formación política que he recibido no contemplan atacar cuestiones personales en estos asuntos.

SOY CRÍTICO

Lo de Daniel Campos tenía un pase: él no aparecía por el Ayuntamiento para nada (como digo, estaba de baja) y el PSOE lo estaría utilizando en ese momento para tener un voto más. De hecho, justo después de esto, dimitió.

Sin embargo, lo de Javier Palacios me parecía muy fuerte, máxime tratándose de él, que es *buen tío*, buen empresario, y que estuvo ahí arrimando el hombro consiguiendo mascarillas para el Ayuntamiento cuando en ningún sitio había, solucionándole un problema a su adversario político (Raúl Caro).

Un Concejal no puede facturar a su propio Ayuntamiento salvo que haya acuerdo para aceptarlo, pero le hicieron el encargo en ese momento a su farmacia; y en ningún caso fue un pedido que él mismo se hiciese a su propia farmacia.

¿Por qué sacar eso ahora, dos años después? Si había algo mal hecho, ¿por qué no se rectificó en su momento? Pues, precisamente, porque no se encontró antes mejor oportunidad para obtener rédito político de aquello.

El encargo, a sabiendas y realmente, se lo había hecho el propio equipo de gobierno a la farmacia de su adversario político, y al que ahora estaban denunciando por ello penalmente.

¿No se daban cuenta que eso no iba a tener ningún recorrido más allá de *marear la perdiz* de la moción unos meses, y le podían hacer mucho daño al honor de Javier Palacios, *criminalizándolo*?

Digo yo que, como mis compañeros me conocen, me dejarían al margen de todo esto. Nunca hubieran contado con mi apoyo para tal fin.

Hay un detalle que solo quiero mencionar: las Diligencias Previas para este caso se iniciaron en el Juzgado Mixto nº 1 de Linares, motivadas por el mencionado *supuesto delito* de prevaricación administrativa.

Ante la interposición de estos recursos, el Juez (del Juzgado de lo Contencioso Administrativo nº 2 de Jaén) dictó con fecha 9 de marzo de 2022 acoger las medidas cautelares solicitadas y, con ello, se suspendió la celebración del Pleno en el que perderíamos la Alcaldía.

Objetivo, de momento, *¡conseguido!*, 24h antes de la celebración del Pleno que nos podría *de patitas en la calle*.

Tres meses después estas medidas cautelares (en pieza separada, y que dependían de dirimir la real cuestión de fondo respecto de Daniel Campos y Javier Palacios), el mismo Juez que las dictó las levantó, por lo que se volvió a convocar Pleno, esta vez, para el 24 de junio de 2022.

El mismo 24 de junio de 2022, una hora antes de celebrar el Pleno a las 12h (hora que fija la Ley), llegó otro AUTO del mismo Juez que se desdecía del levantamiento y lo mantenía.

Esto, que suena bastante *heavy*, realmente lo es. Me voy a reservar lo que creo que sé acerca de cómo ocurrió esto.

Lo cierto es que fue muy divertido, porque nos presentamos en el Salón de Plenos con un montón de público y ahí, *el Perales*, sonriente candidato del PSOE que se veía a minutos de ser Alcalde, estaba *con su chaquetita puesta y la miel en los labios*, y *no cabía en sí mismo* de tanta alegría.

Alegría que le duró bien poco porque minutos después de las

12h el Secretario General del Ayuntamiento tomó la palabra y leyó este nuevo AUTO judicial mediante el cual se mantenían las medidas cautelares, se levantó de su silla, y se marchó.

Hay un vídeo-meme de este momentazo: "y se marchó….".

La bancada popular rompimos en excitación, y la bancada socialista quedó con unas caras... *¡vaya caras!* La verdad, tuve suerte de poder vivir esto tal y como ocurrió. En el fondo estuvo bastante bien y visto con perspectiva, ahora incluso Javier Palacios se ríe a pesar de que tuvo que *pasearse* por el Juzgado, pero saliendo indemne porque realmente él no había hecho nada malo.

Nos fuimos los del PP a celebrarlo y, la verdad, como si un buen equipo fuésemos hasta yo dejé a un lado todo lo atrás acontecido. Yo iba contento, ya que no tenía ganas de que volviese el PSOE a gobernar Linares. El fondo bien, aunque un poco incómodo con las formas.

Finalmente, el 30 de junio de 2022, el mismo Juez de siempre volvió a levantar las medidas cautelares (las dejó sin efecto), considerando que se estaba quebrantando indiscutiblemente el requisito *"fumus boni iuris"*, que es algo así como *"humos de buen derecho"*, principio que viene a decir que las medidas cautelares sólo se pueden tomar una vez que el juzgador comprueba la veracidad de los indicios que aporta la parte demandante, que en este caso era PP y C's.

Esto invita a pensar que el Juzgado de lo Contencioso (en Jaén) se confió en lo que había dicho el Mixto de Linares, pero, cuando entró a comprobar esto a posteriori, vería que para nada resultaba acreditado lo que se recogía en las Diligencias Previas instruidas desde el Juzgado de Linares, con base en el recurso interpuesto por C's y PP; *en el Juzgado de Linares sabrán por qué.*

De este modo, el 5 de julio de 2022, prosperó la Moción de Censura, perdimos la Alcaldía y la ganó el PSOE, cogiendo el bastón de mando de la ciudad *el sindicalista* Javier Perales.

13 EL DÍA DE DESPUÉS: VUELVE EL PSOE

El Partido Socialista, junto con IU, entró con fuerza en el Ayuntamiento y cogió sus riendas firmemente: con las ideas claras y mucha decisión.

He de decir que tengo la sensación de que el Ayuntamiento funciona mejor con el PSOE, pero no porque este partido sea mejor que el PP, sino porque tiene mayor afinidad con su funcionariado, lo que se traduce en una mayor fluidez para todo.

El PSOE se encontró muchas cosas a medio hacer, como el borrador del Presupuesto Municipal y, como tenía ya capacidad política para aprobarlo, lo enjaretó y así lo hizo.

También se encontró más de 20 millones de euros de remanente municipal, y se *sacaron de la manga* un *"plan de remanentes"* para emplearlo en estos 8 meses de Mandato Municipal que les quedaba, acometiendo fuertes inversiones que les ha permitido aparentar capacidad de gestión.

En realidad, no están gastándolo con eficiencia, aunque sí con cierta eficacia, pero, sobre todo, *con mucha idea* y de cara a las siguientes elecciones municipales.

Para poder gastar todo ese dinero tenían que liquidar el presupuesto anterior, y así lo hicieron. Esto, en realidad, no era un escollo político, sino de gestión, dada la falta de personal que tiene el Ayuntamiento y la mala predisposición de los funcionarios de ciertas áreas para ciertas cosas.

Escollo que Raúl Caro no habría logrado salvar, y por eso el dinero estaba intacto (sin gastar) en nuestras áreas. Raúl Caro culpaba al Interventor Municipal de este trabajo sin hacer, y se excusaba así ante sus *compañeros*. Lo cierto es que, mientras tanto y por poner un ejemplo, las reivindicaciones de las Asociaciones de Vecinos estaban sin atender (asfaltado, repintado, reparaciones puntuales en los barrios etc.), elevando sus Presidentes el tono de su crítica a nuestra gestión, atendida directamente por Auxi del Olmo (Concejal de Participación Ciudadana).

Como ya dije, yo cuestiono esto y creo que más bien todo formó parte de un *plan genial* de Raúl Caro (*y sus bailarinas*) para ahorrar dinero *pisándonos la manguera* a los Concejales, para poder gastarlo desde Alcaldía el último año de cara a la campaña electoral, a su favor personal para presentarse con fuerza a su reelección, probablemente en la Lista Electoral del PP.

El PSOE canceló 5 millones de € en préstamos que tenía el Ayuntamiento concedidos a un interés muy bajo, lo cual yo consideré un error, y así lo hice saber en la Comisión Informativa pertinente;

pero bueno, eso les ha servido para *dar la noticia* de que han dejado el Ayuntamiento con *deuda cero*.

Lo que no dicen es que, como mañana haga falta dinero para algo y haya que recurrir a los bancos, lo pagaremos a un interés muy caro.

También han abierto el Mercado de Abastos, que lo dejamos nosotros terminado a falta de toda la labor administrativa para adjudicar sus puestos, dotarlo de servicios, etc. Eso sí, lo han abierto en unas circunstancias de dudosa legalidad o, cuanto menos, sin seguridad jurídica alguna.

En general, desde un punto de vista de la gestión administrativa no están haciendo un mal trabajo. Están haciendo cosas cuestionables, pero, en términos generales, han demostrado capacidad de gestión y de hacer equipo asumiendo responsabilidades para dar pasos hacia adelante.

Esto que digo servirá para que algunos compañeros *hagan un pantallazo* y lo utilicen en mi contra diciendo que hablo bien de la oposición, ya que eso se razona dentro de una formación política como una traición a la misma.

Sin embargo, lo que estoy haciendo es abrir los ojos, mirar la realidad, darme cuenta de que el Partido Popular de Linares tiene en frente un adversario político fuerte, y tiene que elevar su crítica a elementos de detalle de mayor cualificación y efectividad; no va a servir, para ganar las elecciones, simplemente el decir que el PSOE es malo porque, realmente, el ciudadano puede estar entendiendo con sorpresa lo contrario.

SOY CRÍTICO

También es necesario ganar poder de comunicación. Hoy en día, estamos suspensos en eso.

Entregar la Alcaldía al PSOE, por no pedir a tiempo a Raúl que dimitiera, fue un error que el PP de Linares va a pagar, sí o sí, en las próximas elecciones.

El PSOE se está aproximando a los comicios gobernando un Ayuntamiento lleno de dinero que gastar en precampaña; justo ese dinero que Raúl había ahorrado a costa de *pisarnos la manguera* a sus compañeros de gobierno.

Sin embargo, como no supo cuidar de su equipo, al final ese dinero no lo hemos podido gastar ni sus Concejales para realizar correctamente nuestro trabajo durante los 3 años de nuestro mandato, ni él mismo durante el cuarto año preelectoral; de contrario, se lo hemos dejado al PSOE.

Tanta genialidad sólo pudo empezar con un "sujétame el cubata".

Para llegar al último año de mandato hay que cuidar los apoyos políticos que te dan la fuerza, y no descuidar las buenas relaciones con tus compañeros.

Raúl era un Alcalde que pendía de 13 hilos, pero se quedó solo con 10 que tampoco cuidó, y el *pendía de 13 hilos,* pero se quedó sólo con 10 que tampoco cuidó, y *el gapo* finalmente cayó.

Eso sí, una vez culminada la Moción de Censura que desbancó a Raúl, este dimitió y nos dejó solos en la oposición, dejando claro que él, si no está en lo más alto, *no juega.*

Fue un gesto muy feo por su parte, que la militancia del PP

entendió rápidamente. En la oposición ha habido mucho trabajo que hacer durante estos 8 meses, fiscalizando al PSOE hasta llegar a las elecciones, y para eso no hemos podido contar con él.

Él se considerará por encima de todo eso.

Es aquí cuando engancho con lo que contaba al principio de este libro: me avergonzaba de mis compañeros que, ahora sí y una vez perdido el gobierno, han querido reunirse conmigo para repartirnos las asistencias a las Comisiones Informativas e, incluso, quitarme de la de Hacienda y de la de Contratación para ponerse ellos.

Tras la Moción de Censura, y coincidiendo con las Elecciones Autonómicas que Juanma Moreno ganó con mayoría absoluta, Ángeles Isac, nuestra Expresidenta y todavía Portavoz Municipal, dimitió de este *patio de colegio* para irse a ocupar un puesto en otros estamentos.

Su puesto, con el que llevaban algunos fantaseando varios años, lo ocupó finalmente la nueva Secretaria General, Auxi del Olmo, siendo así además nuestra nueva Portavoz Municipal del Partido Popular en el Ayuntamiento de Linares y quedando, como Viceportavoz, Enrique Mendoza.

Su primera medida como nueva Portavoz fue esa: quitarme de las mencionadas dos comisiones, sin ni siquiera llamarme y comentármelo, cosa que Ángeles nunca había hecho con ninguno de nosotros.

Tan pronto como supe que habían registrado un escrito en el Ayuntamiento haciendo esto, la llamé, le pedí explicaciones, y le dije algo que quedará entre ella y yo.

Empezaba bien Auxi: con su supuesto perfil *moderado y*

conciliador, realmente, actuó tan pronto como pudo también autocráticamente, al menos conmigo.

¿Qué pasa con la autocracia? ¿Está de moda o es que, para una vez que se tiene la oportunidad, mola aprovechar y ejercerla?

Librado yo de mis responsabilidades municipales de gobierno, y de asistir a dos Comisiones Informativas, aún quedaba bajo mi responsabilidad la asistencia a otras; pero, en neto, todo esto supuso una notable disminución en mi carga de trabajo en el Ayuntamiento, y eso me permitió centrarme en mi trabajo.

Menos mal que nunca dejé mi trabajo.

14 NUEVA LISTA DEL PP DE LINARES, ELECCIONES 2023

Desde que perdimos el Gobierno Municipal, e incluso ya desde antes, la militancia del PP de Linares puso el punto de mira en quién sería el próximo candidato a la Alcaldía.

Esto mantuvo dividida a la mencionada militancia porque, mientras unos apostaban por que Auxi fuese la candidata, otros apostaban por acoger a Raúl en nuestras filas para que fuese él.

Los que apostaban por Auxi defendían que debía ser una persona del partido, como ella, con un perfil conciliador y experiencia en el Ayuntamiento, y que, para nada, debíamos volver a regalar la Alcaldía a Raúl, sabiendo además lo mal que se había portado con nuestras filas.

Pero había otro sector *valedor* del exalcalde, quien además se movería (y bastante) a distintos niveles del partido para ser nuestro candidato. Por su trayectoria como Alcalde, y afinidad con el PP Andaluz al estar éste gobernando en Andalucía, tendría los contactos (y confidencias) de altos cargos del partido que, sin conocer la *trastienda* política de Linares, apostaban por él por meras apariencias y pensando conocerlo bien a él, así como por desconocimiento del resto.

Les enviaré a algunos un enlace de compra de este libro.

Lo cierto es que la polémica estaba servida, y la elección del candidato se retrasó meses; el partido daba otras excusas orgánicas, pero poniendo de manifiesto que claramente había un dilema que resolver porque, fuese quien fuese, habría un *sector* contento, y otro enfadado, y no se puede ir a unas elecciones con la mitad de un partido enfadado.

Esta decisión no la toma la Ejecutiva Local del Partido Popular de Linares porque, al ser Linares una gran ciudad, el candidato se designa desde el PP Andaluz.

Cómo sería de gordo el marrón *marrón*, que Juanma Moreno se puso de perfil y dijo que el candidato de Linares se elegiría desde Génova (Madrid). No sé finalmente quién resolvería este conflicto, pero fue Érik Domínguez (Presidente Provincial) quien se presentó un día en nuestra sede y, ante la Ejecutiva Local, anunció que la candidata sería Auxi, pero, que Raúl Caro le seguiría de nº 2; esto fue el 28 de febrero de 2023.

Otro jarro de agua fría para la militancia del PP. Los que apostaban por que Raúl fuese candidato, molestos porque no lo era. Los que apostaban por Auxi, molestos porque nos habían *metido con calzador* a Raúl de nº 2. Al final, esta solución no contentó a nadie.

Raúl no había pisado nuestra sede prácticamente nunca, e incluso había *maltratado* a nuestro partido mientras fue Alcalde, pero, por no haber hecho públicas todas estas cosas, resulta que había conseguido posicionarse (y quién sabe si no coaccionar a alguien) para ir sí o sí en la lista del PP; no de nº 1, pero sí de nº 2.

La verdad es que ahora toma cierta verosimilitud la tesis de que *Raúl no puede volver a ser Gerente de la Cámara de Comercio, por no tener estudios*, y estaría buscando una alternativa laboral volviendo a la política a toda costa donde no se exige formación alguna.

El 17 de marzo de 2023 se presentó oficialmente, en el auditorio de El Pósito de Linares, a Auxi como candidata a la Alcaldía acompañada de Raúl. Allí, ella dio lectura de su ideario municipal (no hubo programa como tal, sino un esbozo de intenciones inocuas), y anunció quién sería su nº 3: Mariola Aranda, la actual Presidenta Local, para nueva sorpresa de la militancia.

No es que nadie tenga nada en contra de que se vaya desvelando la lista, pero la militancia sabe que, aunque el nº 1 de nuestra lista se elige desde Sevilla, el resto de los miembros de la lista deben ser debatidos, con base en nuestros Estatutos, en el seno de un Comité Electoral, del cual ya se había anunciado que su presidente sería el prof. y Exalcalde D. Juan Lillo.

No fue de recibo que ningunearan de esta forma a alguien tan respetable como D. Juan Lillo; y, además, se estarían contraviniendo nuestros Estatutos.

Tanto el nº 2, como el nº 3, al igual que el resto de los miembros de la lista, deben salir de ese Comité Electoral del cual no puede formar parte nadie que se postule como candidato.

Lo que hicieron apuntó a un flagrante quebrantamiento de los Estatutos del Partido Popular, con participación del Presidente Provincial (Érik Domínguez) y en beneficio de la Presidenta Local

SOY CRÍTICO

(Mariola Aranda).

Una posible explicación a este movimiento la encontramos en el pueblo de la mencionada Presidenta Local (la Estación de Linares-Baeza) del que es ella Alcaldesa, viendo que *le han montado* un partido localista con aspiración y oportunidad clara de ganar.

Este partido viene de la mano de los hijos de una gran familia (estupenda familia, diría yo) que, elección tras elección, podrían haber regalado la Alcaldía a Mariola, votándola en masa.

Ahora, los hijos (con *visos* comunistas) de esta estupenda familia, en un pueblo de tradición comunista, ha montado un partido propio: *independientes por la Estación.*

¿A quién van a votar ahora los miembros de esta familia, sus amigos, sus jóvenes? ¿A sus hijos y a sus amigos, o seguirán votando a Mariola?

Todo está por ver.

Hay que tener en cuenta que, desde que Mariola es Presidenta del PP de Linares, ha descuidado bastante a su pueblo y a su gente, adoptando una actitud de *doña importante, de profesión doña ocupada, luciendo palmito* y *sin repetir modelito,* alejándose así de lo que representa a un pueblo cariñoso y humilde como es La Estación.

El 28 de mayo de 2023 Mariola anunció que, además de para Concejal de Linares, se presentaría de nuevo como candidata para ser Alcaldesa de su pueblo, aspirando así a un tercer periodo de mandato tras 8 años ya en el cargo, intentando así sumar otros 4.

¿Qué pretende, estar 12 años siendo Alcaldesa de su pueblo? Y, ¿por qué se presenta en dos Lista Electorales a la vez?

SOY CRÍTICO

Yo, cuando la conocí, recuerdo que ella decía que «como máximo *un político* debería estar 8 años en un puesto».

Pues nada, consejos vendo que para mí no tengo.

Así que, por si no gana en su pueblo (la Estación de Linares-Baeza), se habría *impuesto* como nº 3 en la lista de Linares, garantizándose así un puesto (que lo tendría asegurado aunque no gane el PP las elecciones, ya que 3 concejales en Linares el Partido Popular los *saca,* seguro), y un sueldo.

Un despropósito: Mariola es Presidenta Local del PP de Linares, se ha presentado a Candidata a la Alcaldía de su pueblo y, además, a Concejal (nº 3, con el puesto seguro) de la ciudad de Linares. **¿Qué persona es capaz de atender, dignamente, todos esos cargos a la vez?**

Finalmente, el 12 de abril de 2023 el PP de Linares desveló el resto de su Lista Electoral. A Mariola (nº 3) le sigue Enrique Mendoza (nº 4) y Susana Muñoz (nº 5); ambos Concejales actuales del PP.

El nº 6 es para el presidente de Nuevas Generaciones, Martín de la Torre.

Martín, hoy en día, es Presidente Local de Nuevas Generaciones con dudosa legitimidad, ya que, a fecha de presentar esta lista, lleva 1 año y 2 meses siendo Presidente sin revalidar su cargo sometiéndose a un Congreso local; o sea, contraviniendo también nuestros Estatutos.

El nº 7 es para mi querida amiga Mamen Muñoz (la que fue secretaria del Comité Organizador del Congreso Local para la candidatura única de Mariola) y, el nº 8, es para el todavía Concejal José

SOY CRÍTICO

Luis Roldán.

Según las cuentas, *húmedas*, de José Luis, el PP ganará estas elecciones consiguiendo 12 o 13 Concejales (mayoría absoluta). Así que nada, como él va el nº 8, no creo que tenga miedo de quedarse sin ser Concejal y, por tanto, de quedarse sin sueldo.

José Luis ha pasado de ser el nº 3 para las Elecciones Municipales de 2019, a nº 8 para las de 2023; y demasiado que está. Su *trabajo (de mecenazgo político)* habrá hecho durante este tiempo en el que se ha estado dirimiendo la lista, haciendo alarde de su mejor *silueta*.

Los que lo conocemos sabemos que él es todo humildad y servilismo cuando le interesa, como ahora que, para ir en la lista, ha estado *haciendo la pelota* a todos los cargos del partido que hay por encima de él (nunca a los que considera por debajo). Creo que es una persona de doble cara, siempre de acuerdo con sus intereses personales.

Pepillo Roldán es capaz de ni cogerte el teléfono cuando tiene un *carguillo*, mirándote y hablándote por encima del hombro si contigo se cruza, pero, cuando eres tú quien le tiene que dar el *carguillo*, se convierte *en un hermosísimo osito de peluche; todo un amor.*

El mismo día en que se hizo pública la Lista Electoral del PP de Linares, Auxi me llamó para *darme la noticia* de que *no habían contado conmigo* para esta lista.

Se excusó en que habían valorado (en el Comité Electoral, que para esto sí lo han tenido en cuenta) «*que yo estoy muy liado con mi trabajo y que no tengo tiempo para ser Concejal*».

En eso la verdad es que tienen parte de razón, pero, lo normal, es que me hubiesen llamado para preguntarme qué tal estoy de tiempo, y qué esfuerzo estoy dispuesto a seguir haciendo por mi ciudad, antes de decidir por mí.

Yo llevo estando así de liado, con el mismo trabajo (soy autónomo), desde hace 13 años. Si he sido 8 años responsable de comunicación, 4 años Secretario General, 3 años Concejal de gobierno (Emergencias y Urbanismo) y 1 año Concejal en la oposición, ¿por qué no iba a poder ahora?

A todo esto, Mariola puede ser Presidenta, candidata a la Alcaldía de su pueblo, y candidata nº 3 del PP de Linares, todo a la vez, pero ¿de mi se ha valorado *"mi falta de tiempo"*?

Y, la propia Auxi, es Parlamentaria Andaluza y Candidata a la Alcaldía de Linares, pero *¿el que tiene falta de tiempo soy yo, porque tengo un trabajo?*

Muy coherente. Pues nada, que cuenten con *pepillo*.

Está claro que ha sido una burda excusa para ocultar la razón real de mi exclusión: la llevan *cacareando* por las cafeterías desde hace meses, y es la misma por la que ni siquiera estoy en el Comité Ejecutivo del partido desde que Mariola (mi ex) es Presidenta, a pesar de mi impecable trayectoria y dedicación desinteresada a las siglas.

Le dije a mi querida Auxi que me hubiese gustado más que me dijera la verdad, aunque nos la guardáramos en secreto, en lugar de que me llamara (a estas alturas) para participar en una evidente mentira.

También le dije que no se lo tendría en cuenta, que la razón verdadera yo la sé desde hace mucho tiempo y, además, sé que no es cosa de ella.

SOY CRÍTICO

Ella se echó a llorar y me dijo, «*Dani, te quiero*»; eso me conmovió, sé que me lo dijo de corazón y, además, es lo mejor que me pudo decir incluso por encima de la verdad.

No le dije algo, y es que, aun sabiendo que ella no tenía la culpa de que yo no formara parte de su equipo, estaba convencido de que ella tampoco había defendido lo contrario.

A la política se viene justo a eso: a combatir injusticias y *luchar* por los demás. Auxi, para eso, en mi opinión no sirve; y sí, es nuestra candidata a la Alcaldía, que encarna el *buenismo*, pero siendo una nefasta *guerrera*.

Le dije que estaba escribiendo este libro, en el que recojo todo lo que durante nuestra historia política creo que ha pasado, y que en definitiva representa *los barros que han dado lugar a estos lodos*.

Yo también *te quiero, Auxi*; de corazón, y te deseo lo mejor.

15 LA NUEVA PRECAMPAÑA ELECTORAL

Y llegó el momento de las promesas.

Mientras el PSOE está dándolo todo, los del PP están única y exclusivamente lanzando publicaciones a través de redes sociales con fotografías casi siempre en espacios interiores y con afiliados (pocas con la Sociedad Civil), acompañadas de mensajes cursis, cada vez más encorsetados y vacíos de contenido, del tipo *"tenemos el mejor equipo"*, *"del Olmo destaca la capacidad de su equipo"*, *"acompañamos al consejero"*, *"nuestra candidata muestra su compromiso con el talento"*, *"apostamos por un modelo de crecimiento industrial"*, *"comprometidos con el Linarejos"* o *"con nuestras tradiciones"*.

Publicaciones, en Facebook por ejemplo, con solo unos 20 'me gusta' de media, lo cual quiere decir que ni siquiera los afiliados dan 'me gusta' a estas publicaciones.

¿De verdad no se dan cuenta de que esto no está funcionando?

A todo esto, nuestra candidata (Auxi), aun siendo candidata a la Alcaldía de una de las ciudades más importantes de Andalucía, ha decidido no dimitir de su puesto como Parlamentaria en Sevilla, manteniendo su cargo durante la campaña electoral.

Esto no es baladí, porque supone dos cosas:

- La evidencia de que no tendrá claro poder ganar estas elecciones, y se guarda el *cartucho* de poder volver al parlamento después de ellas, y

- El problema de que, estando en el Parlamento de Andalucía, no puede estar dedicada al 100 % a la campaña electoral cuando el PSOE lleva 6 meses haciendo una campaña *del carajo* mientras que nuestra candidata está desaparecida, faltando incluso a los Plenos Municipales.

Lo cierto es que le hemos dado al PSOE, 8 meses antes de las elecciones, las principales herramientas que necesita para ganarse, al menos, que los linarenses les dé una oportunidad para gobernar la ciudad durante los siguientes 4 años.

Este ha sido nuestro gran error dentro del PP, fruto de nuestras intestinas luchas de poder, que nos llevó a perder el Gobierno Municipal.

El PSOE está haciéndolo bien desde un punto de vista electoral, y además están recibiendo cierto apoyo del Gobierno Central y de la Diputación Provincial de Jaén (ambos, en manos del PSOE), aunque sea puro postureo, pero que no es poco.

Ayer mismo, mientras escribía esto, estuvo Pedro Sánchez visitando una empresa en Linares.

No es cuestión de *echar la quiniela* con números, pero sí voy a decir que el PP tiene especialmente difícil ganar las elecciones en Linares y formar gobierno, por lo que no puede conformarse con hacer una campaña banalizada, y debe apretar fuerte. *Haciendo grandes números*, las razones creo que son las siguientes:

- Por la volatilidad del voto de C's (consiguieron casi 5.000 en las anteriores elecciones), que perderá prácticamente en su totalidad, y serán *a repartir* entre el PSOE, el PP y la abstención.

- Porque IU va a tener un repunte, ya que francamente están haciendo durante estos 8 meses un buen trabajo al frente del Ayuntamiento, que podrá facilitar al PSOE formar gobierno.

- Porque la fragmentación política (se han presentado 11 candidaturas; o sea, 11 partidos), penalizará el bipartidismo del que normalmente se benefician PP y PSOE, distanciando a ambos y favoreciendo al PSOE si, finalmente, es más votado que el PP tal y como es tradición.

Con lo anterior (datos), puede tener en cuenta el lector que la intención de voto responde más a una cuestión irracional (información reciente) y al sentimiento neto subyacente del ciudadano que se conforma a base de experiencias también recientes (conocimiento).

Experiencias estas, cognitivas, que responden a la asimilación de lo percibido frente a lo esperado. En este caso:

- La ciudadanía tenía muchas expectativas (generadas) puestas sobre el PP y Raúl Caro, que para nada se han visto materialmente satisfechas, y así continúa el recuerdo en su memoria mientras que,

- Del PSOE nadie esperaba nada, y en 8 meses está entregando mucho, sorprendiendo y generando un sentimiento nuevo, reciente y muy positivo hacia él que deja al ciudadano con ganas de más, lo cual puede conducir a que el pueblo le dé una oportunidad; pueblo, por cierto, de tradición socialista.

Por mucho que el PP quiera, viene de no poder satisfacer al pueblo (justificada, o injustificadamente, no entro en eso) con base en las muchas expectativas que se generaron en la última Campaña Electoral del 2019 (en gran medida, por C's), pero defraudando a los ciudadanos porque no han percibido una mejora tangible.

Los vecinos esperaban mucho del PP y C's, pero recibieron poco.

En contraposición a lo anterior, todos los recursos que teníamos preparados (nosotros, PP + C's) para *sacarlos* a última hora (más bien el Alcalde, Raúl Caro) ya cerca de las elecciones para inundar la retina del ciudadano, ahora resulta que los está utilizando el PSOE a su favor, y de una forma efectiva.

Los vecinos no esperaban nada del PSOE, pero están recibiendo mucho, al menos en apariencia.

Seguir con una Campaña Electoral infantilizada y sin sustancia por parte del PP es un gravísimo error, ya que debe corregir lo anterior con ésta única oportunidad de convencer a última hora y conseguir una segunda oportunidad.

Se me viene a la cabeza cómo, recientemente, nuestro Presidente Provincial (Érik Domínguez) publicó que habría en Linares un debate entre él y el Presidente de la Diputación Provincial (Paco Reyes), cosa que pareció realmente mentira porque éste último ni siquiera le contestó a su petición de debatir, e incluso se llegó a celebrar el acto (para pavor de la militancia popular) con el único objetivo razonable de *echarle una foto* a una silla vacía, para decir que «el Sr. Reyes no quiere debatir con Érik».

Política de foto, ya anacrónica. Así, ya no se convence, además porque Linares en estos años ha elevado mucho su atención hacia las cuestiones políticas, y su nivel de conocimiento.

Sólo hay una cosa, a nivel local, que sopla a favor (y mucho) del PP de Linares, y es el auge de la marca PP a nivel nacional, gracias en gran medida a la deriva política y social que el Presidente Sánchez (PSOE) está llevando a su partido, y al país. Esto, marcará sin duda el resultado político, y será la cosecha que recojan los agraciados de la lista popular, pero sin haberlo sembrado, por puro oportunismo político.

Quiero invitarle, querido lector y antes de despedirme, a ver ahora (tras leer este libro) la entrevista a Raúl Caro, Exalcalde por C's y ahora nº 2 del PP de Linares, que Televisión Linares publicó en YOUTUBE (su canal se llama PTV Linares) el 24 de abril de 2023, en plena precampaña electoral.

Podrá Vd. identificar sus gestos, cuestionar lo que dice, analizar cómo lo dice y, sobre todo, deducir por sus propios medios la razón de aquello que enfatiza, o insiste; por ejemplo, su explicación a por qué no ha aparecido públicamente como Gerente de la Cámara de Comercio tras ser cesado como Alcalde, permaneciendo oculto hasta precisamente esta precampaña electoral.

Durante su entrevista, entre otras cosas, cuestionó la verdad de un anuncio que el PSOE ha hecho (desde la Alcaldía) ante la ciudadanía asegurando que una empresa (SAC BIKE COMPOSITES) se va a implantar en Linares para fabricar chasis de bicicletas de alto rendimiento (de la marca MONDRAKER).

Eso es algo que el PP nunca hace. Los ataques políticos no deben llegar nunca a empresas privadas, incluso cuando es evidente que éstas pueden estar participando en montajes electoralistas.

Personalmente me da pena que, por ejemplo y a estas alturas, Raúl siga *bailando solo* sin someterse al mensaje del Partido Popular y, lo que es peor, perjudicándolo porque el PP no hace esas cosas, ni nadie lo debe hacer en su representación.

¿Nadie va a parar esto?

Pero más allá de eso, lo lamentable es que Raúl Caro sostiene su tesis argumentando (entre otras cosas) que esa empresa tiene sólo un Capital Social de 3.001 euros, y que está recién creada.

Esto lo dice un Exalcalde, y el que durante dos décadas ha sido el Gerente de la Cámara de Comercio e Industria de Linares sin tener en cuenta que, la mayoría de las sociedades mercantiles de todo *hijo de vecino*, tienen justo ese Capital Social (el mínimo), sobre todo cuando son *empresas emergentes* (o sea, nuevas empresas).

He consultado apresuradamente al Instituto Nacional de Estadística (INE), y me han respondido muy rápido confirmándome que durante el año 2022 (por ejemplo) un 67,2% de las sociedades que se crearon en España, lo hicieron con el Capital Social mínimo.

SOY CRÍTICO

En la misma entrevista, Raúl, al contrario de lo que hizo con esta supuesta empresa que presentó el PSOE, ensalzó la nueva empresa de Ángel Llavero (MELTIO), la cual fue visitada hace unos días por el Presidente del Gobierno (Pedro Sánchez); y sí, esta empresa que según Raúl es un magnífico ejemplo de emprendimiento y tecnología, resulta que también se creó con un Capital Social mínimo, de 3.001 euros.

¡Ay! La mediocridad…

Su estilo elitista y denotada falta de formación, es posible que le haya llevado a *ir por el mundo* fracasadamente buscando empresas con un abultado Capital Social para *traerlas a Linares*, y eso explicaría que no haya traído ninguna.

Esas empresas, con un alto Capital Social, y valor, son más bien objeto de comisionistas.

Para *el resto de los mortales*, las empresas que dan trabajo, *y de comer*, son como la mía, pequeñas y respetables con un Capital Social mínimo (al igual que el 67,2% de las que se crearon el año pasado), pero que facturan, dan beneficios, y trabajo *a base de riñones*, y eso es lo que necesita Linares.

Linares necesita empresas de currantes que generen empleo a base de emprendimiento, conocimiento y ganas de superación, pero sin grandilocuencia ni personalismos.

16 REFLEXIÓN FINAL

Se me quedan muchas cosas en el tintero, pero he decidido omitir una gran parte de la información, centrándome única y exclusivamente en aquellos hechos que considero especialmente trascendentales para el desarrollo de los asuntos públicos de mi ciudad.

Si al lector le interesa algún tema no tratado, le propongo un café.

Ahora bien, para concluir este libro quiero hacer una reflexión con perspectiva, comparando el Linares que había cuando me interesé y comencé a participar en la política municipal (allá por el año 2012, hace más de 10 años) con el de ahora (año 2023).

Linares era una ciudad en la que ser crítico con la política estaba mal visto e, incluso, de alguna forma perseguido. **ser crítico** con la política estaba mal visto e, incluso, de alguna forma *perseguido*. Gracias a eso, el PSOE (que llevaba gobernando la ciudad 40 años) se aseguraba que sólo hubiese un mensaje válido, que era el suyo.

Fuimos unos pocos los que, saltándonos esa tradición y dejando a un lado el miedo, comenzamos a divergir y lideramos un discurso paralelo que ocasionó una *revuelta* importante dentro del

PSOE y, con todo ello, propiciando su renovación.

Eso dio también lugar a movimientos sociales e, incluso, al progreso de otros partidos (como IU), y fue cuna de nuevos (como CILU), todos reaccionando a la coyuntura y a la revuelta social en busca de su sitio electoral.

Yo tengo el testigo de aquello o, al menos, de haber liderado el primer proyecto serio que sentó las bases de un Linares mejor, y con eso me quiero quedar. Fue la oportunidad que Ángeles Isac me dio, y aproveché para poner toda la carne posible en el asador ya que nos encontrábamos en un momento social óptimo y determinante para *el cambio*.

Ángeles me dio libertad para *volar* y hacer cuanto quise, eso sí, respetando su liderazgo y las siglas bajo las que con tanto cariño me acogieron: las del PP.

Diez años más tarde tenemos un PSOE mejor, que nada tiene que ver con aquella *vieja guardia* corrupta y déspota que nos mantenía aislados, y tachados, respecto del resto de las administraciones públicas, sometiéndonos a los ciudadanos a su absolutismo, y que dio lugar a que seamos la ciudad con más paro de España.

También tenemos una IU mucho mejor. Joven, renovada, inteligente, trabajadora y llena de ganas, con la que me siento muy cómodo a pesar de nuestras claras diferencias ideológicas.

Y, cómo no, tenemos un PP mucho mejor; nada tiene que ver aquel PP cómplice del PSOE con este de ahora que, aunque torpe, tiene aspiraciones de gobierno e ilusión por hacerlo bien, aunque no siempre sabe cómo.

Esta es mi alegría, y ese ha sido *el cambio*.

Hoy en día, miro a la cara a la veintena de Concejales que me han acompañado en el Pleno Municipal de nuestro Ayuntamiento, y solo veo buenas personas (en todos los partidos), con notables diferencias entre ellos, pero en términos generales somos un buen conjunto de personas.

Veo buenos compañeros que me han tratado con mucho respeto y, sobre todo, con muchísimo cariño. Todos, salvando nuestras distancias políticas, en el fondo queremos un Linares mejor.

Ese es el éxito de mi paso por la política, y representa justo el cambio social y político con el que un día me ilusioné para mi decadente ciudad.

Eso sí, todo esto empezó con la crítica y la valentía creativa que nos enseñó el *Carpintero de Nazaret* y, «aunque parezca que el mundo está en manos de los poderosos, Dios siempre encuentra una forma de apartar del camino de los valientes a los violentos y arrogantes».

Con la misma ilusión y coraje con los que comencé esta andadura política publico ahora este libro, siendo leal a mis orígenes como ciudadano y, ante todo, haciendo uso de mi libertad y huyendo de la estupidez.

Mi deber, como representante público, ha sido servir a mi pueblo y así lo he hecho. Además, me debo al pueblo y a él correspondo entregando mi visión con esta obra. Será él quien agudice el oído y la vista para juzgar los hechos, incluyéndome a mí.

Con este libro me desnudo ante mis vecinos para que sepan qué ha ocurrido con los recursos de su ciudad durante estos últimos años; al menos, desde mi figura.

Al Partido Popular le deseo que reconduzca a su militancia hacia el respeto de sus Estatutos, que tantos éxitos nos ha dado a todos los niveles; el resto lo podrá confiar a la voluntad de Dios, y al tiempo.

A mis queridos vecinos, les digo que lo que vendrá a partir de ahora en la historia de Linares será mejor, y todo bueno.

Gane quien gane el próximo 28 de mayo de 2023 (día de las Elecciones Municipales), sin duda habrá un equipo de gobierno infinitamente mejor que el que había cuando yo llegué hace 10 años a esto de los asuntos públicos, con una ciudadanía (espero que ahora sí) velando porque así sea.

Y si no, ahí estaré yo.

Linares siempre sorprende, y en estas elecciones lo hará también. A posteriori, el lector podrá consultar y analizar los resultados, y sonreír conmigo.

«Todo lo vence el amor, todo el dinero lo allana, todo lo consume el tiempo, todo la muerte lo apaga». Las Migas, Milonga del Corazón.

Daniel Moreno Rodríguez
Científico en lo profesional, pero empírico de la vida.

AGRADECIMIENTOS

Va por Ángeles Isac, mi madrina en la política, quien me dio esta oportunidad y además me enseñó a aprovecharla con unos valores políticos fundamentales basados en la honestidad. *madrina en la política, quien me dio esta oportunidad y además me enseñó a aprovecharla con unos valores políticos fundamentales basados en la honestidad.*

Mi respeto y lealtad hacia ella, y hacia su propósito hasta el final de su trayectoria municipal, han sido mi mejor y más que merecido agradecimiento, siendo además lo único que me pidió a cambio de contar conmigo como miembro de su equipo, al igual que al resto.

Me hubiera gustado ser mejor alumno en esto de *la política*, pero bueno, he priorizado ser mejor persona y ella ha preferido eso de mí.

Va por Doña Juani Valcárcel, la maestra del *cole* Virgen de Linarejos de Linares que *metió en vereda* a este alumno que ahora escribe, entonces superdotado e incorregible. No sé ahora, porque de esto hace 30 años; y creo que voy a peor.

Va por mis *profes* de la Escuela Politécnica Superior de Linares (Universidad de Jaén), especialmente por mi amigo Antonio José Sáez, que en Paz descanse; fue un ejemplo a seguir, pero se marchó demasiado pronto. Me enseñó magistralmente a entender la probabilidad estadística como un recurso para *supervivir*, ser un buen técnico, y acogí su doctrina *a pies juntillas* en mi poco común estilo de vida.

También va por el actual Director de la Escuela, mi buen amigo, Manolo Valverde; el *tío* más inteligente que pisa la escuela. Y también por el anterior Director, Sebas García, mi amigo *el del cero*.

Ellos saben por qué.

A Manolo, y a Sebas, les doy un abrazo cada vez que los veo, al igual que hacía con Antonio, del que no olvido unas palabras: «el día que defiendas tu tesis allí estaré yo, y levantaré la mano».

No he defendido mi tesis ni creo que lo haga a este paso, pero su recuerdo y ejemplo me acompaña, *in vigilando*. Sin duda alguna, en la inevitable eternidad le podré dar el abrazo que tantas ganas tengo y, previsiblemente, él alzará su mano mirándome fijamente, e inmediatamente me someteré, bajando mi cabeza, a su juicio.

Su pronta partida, y sus palabras, me hizo pensar que ésta, mi vida, es la tesis en la tierra que debo cursar para aprobar en el cielo. Un hombre como él, de inconmensurable Fe, no puede estar en otro sitio más que allí, esperándome pacientemente con su vara de medir varianza.

Los tres (junto a otros miembros de su equipo) han hecho grande, muy grande, a mi Escuela; y, de ella, han salido ingenieros que están desempeñando puestos de mucho talento, valor añadido, y conocimiento por todo el mundo. *Va por ellos, por fenómenos.*

No me puedo olvidar de otro grande (*enorme*), Julián López-Viota, profesor de Física Eléctrica, y también amigo.

En mi primer año de carrera, como yo no había hecho bachillerato y había accedido a la Universidad desde un módulo de grado superior, resultó que de matemáticas iba *regular nada más*, hasta el punto de que casi *tiro la toalla* y dejo la carrera.

Durante un tiempo, Julián me citó a diario a las 15.30h en su despacho, media hora antes de comenzar las clases, y me dio unas lecciones aceleradas sobre conceptos matemáticos que yo no entendía; el resto, era cuestión de que yo me pusiese a estudiar.

Gracias a esas clases, y a su muletilla *«esto no es más que...»*, que quería decir "esto es tan sencillo como...", consiguió demostrarme que aquello que para mí en aquel momento *era un mundo*, en realidad no era tan difícil; y menos para mí.

No solo seguí adelante, sino que aprobé todo y tardé solo un par de años en titularme; gracias a él, a su cariño y entrega, y al tiempo altruista que me dedicó apostando, y creyendo, en mí.

Va por Silvia Llamas, del Centro de Apoyo al Desarrollo Empresarial (CADE). Ella me tuteló en mis inicios como autónomo hace 13 años (ahora tengo 34 años). Siempre creyó también en mí, me tuteló, y me dio sus consejos sinceros para sacar de mí lo mejor, evitándome algunas de mis frecuentes *salidas de pista*.

Va por Jesús Padilla, Jefe del Parque de Bomberos de Linares, en quien confié mis más difíciles decisiones y que me ha acompañado a lo largo de toda esta andadura institucional en el Ayuntamiento de Linares, enseñándome pacientemente un camino seguro con sinceridad, lealtad y mucho apego.

Tengo que reconocer que ahora entiendo la labor del bombero de una forma muy distinta a como la veía antes desde mi *deformación profesional*; el mérito es de él, un profesionalizado *bombero de raza*, de los que dignifican con creces la profesión.

En Linares tenemos unos magníficos bomberos.

Va por Paqui Tijeras, subinspectora de Policía Local y Jefa de Protección Civil de Linares. Paqui es todo amor por lo que hace, y me hubiera gustado trabajar y disfrutar aún más tiempo de ella. Ahora está feliz y preciosamente jubilada, disfrutando de sus nietos.

Va por mis socios, Ricardo Navas, Rocío Pérez, Nacho Hernández y Jaime Callejo, junto a los cuales he aprendido un oficio prácticamente único, y una forma de vida muy divertida dentro de una sociedad de mediocridad, conveniencia y mucho *mamoneo*.

Por mis amigos, junto a los que (y gracias a ellos) me hice singularmente auténtico: Manu J. Padilla, Fco. José Sánchez, Josemi, Juanfran López, Juanma Martínez, Soco Rico, Esther González, Santiago Salvador... *Sin ellos yo sería otro.*

Por Irene Reyes, *la discreta gran mujer* que me ha acompañado en los momentos más difíciles de esta entretenida andadura política.

Por mi abuela materna, Josefa Segura Lorite; *la mujer de mi vida.* Ella nació en Sierra Mágina en la más extrema pobreza, sobreviviendo del *estraperlo* de su madre, refugiada mientras tanto en una cueva sin luz, y bebiendo de *un cubo de agua*, en Torres (Jaén).

Desde allí caminó siendo una niña hasta esta preciosa ciudad, Linares, junto a sus hermanas, huyendo del hambre y en busca de una oportunidad que aprovechar, sin conocer ni siquiera a su padre porque estaba recluido (preso político, en la cárcel de Burgos) desde antes de que ella naciera.

Al llegar a Linares comenzaron sirviendo a acaudaladas familias linarenses de la época (ahora ella tiene sobre 80 años, era la hermana pequeña y está hecha *una preciosa rosa*), que con la gratitud que nos caracteriza a los linarenses las acogieron y dieron su oportunidad.

Fue así como llegaron hasta tierras linarenses mis raíces, gracias a una admirable niña pequeña que fue valiente, trabajadora, y cosechó el fruto próspero que ahora somos los Rodríguez y Segura. Hoy, aunque preocupada siempre, nos admira con sus ancianos ojos porque somos su mayor riqueza.

Caprichosa la vida: prácticamente todos sus descendientes estamos fuera de Linares y ella se pasa los días indagando sobre nosotros, desde su sillón y a través de su teléfono, deseando tener que girar su rigidizado cuello cuando alguno, de tarde en tarde, entramos por la puerta de su piso de VPO de la época; momento en que todo se ilumina, *llenándonos de savia.*

De ahí siento que vengo yo: de La Paz, y de *los coloraos;* mi barrio y mi familia, donde me han criado bañado entre, de lo bueno, lo mejor.

Y sobre todo va por mi padre, Pedro Moreno. Ha sido, y es, un buen padre, un buen amigo, y un impecable ejemplo por el que hago y haré lo que tenga que hacer para nunca traicionar lo que me sigue enseñando, en la medida de mis posibilidades, esforzándome para que se sienta orgulloso de lo que, gracias a él, hoy soy.

Él quiere que yo haga siempre lo adecuado. Él quiere que, tal y como me ha enseñado, nunca me deje llevar por las corrientes, sea auténtico, y marque la diferencia en un mundo que deja mucho que desear: "las cosas son como son, hijo".

Mi padre es mi maestro, y segundo electricista de mi familia. Yo, soy el tercero. El primero fue mi abuelo, Antonio Moreno, el electricista de la extinta fábrica de Santana, y de la harinera, y un auténtico genio. Con él comenzó esta peculiar saga de *"los Moreno"*.

Sin desmerecer a cientos de buenas personas que me rodean y tengo en cuenta, éstos son mi núcleo duro y sé que me dirán la verdad absoluta porque me quieren y pueden, ya que me han marcado en mi vida sustancialmente.

El resto de las personas, quizás también, pero a riesgo de que me digan en cierta medida lo que eventualmente les convenga, si es que les conviene.

NOTA DEL AUTOR

Los personajes citados en esta obra lo son exclusivamente desde un punto de vista político, aportando la información mínima para justificar lo que ha tenido repercusión en el Gobierno Municipal de la ciudad de Linares, con trascendencia pública y delimitado a esa afección.

Sus nombres son verdaderos, por lo que el lector podrá investigar más allá de lo aquí escrito, como no puede ser de otra manera.

Es por tanto que, además de entender lo aquí recogido como de interés general, digo que todo lo que escribo es una mera opinión mía, incluidas todas las afirmaciones, que comparto desde mi punto de vista y en primera persona con base en lo que ante mí ha ocurrido, razonando el pasado, el presente y el futuro de mi ciudad de manera abierta, para que pueda ser rebatida en igualdad de condiciones por cualquiera, en un ejercicio de libertad.

ACERCA DEL AUTOR

Daniel Moreno Rodríguez tiene 34 años y no es escritor, pero escribe mucho. Es electricista y, además, Ingeniero Técnico Industrial de la especialidad eléctrica, y máster en Ingeniería del Transporte Terrestre y Logística; ambas titulaciones por la Escuela Politécnica Superior de Linares.

Nacido en Linares, trabaja como analista e investigador de causas de sucesos por España. Tiene en su currículum el haber investigado y resuelto una importante cuota de los grandes y controvertidos siniestros, o accidentes industriales, ocurridos en el país durante los últimos años.

Escribe este libro como punto final de su trayectoria política, que ha compatibilizado ininterrumpidamente con su trabajo, y que culminó como Concejal del Partido Popular de Linares en su Ayuntamiento, habiendo sido responsable de las áreas de Emergencias, Medio Ambiente y Ordenación del Territorio.

Es un apasionado del trial en bicicleta, del razonamiento lógico, *y del amor.*